私を育ててくれた子どもたち

障害児と共に生きた教員からのメッセージ

佐藤 邦男
Sato Kunio

現代書館

私を育ててくれた子どもたち＊目次

第六章　社会の目　172

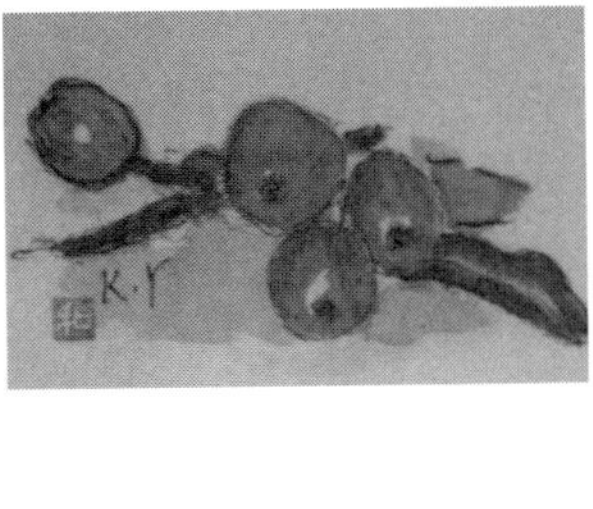

SSCにじ

熱いぜにじ屋！俺はタチムカウ

さらに挑戦し続ける

SSCにじ

明日の自分たちのために、倒れない！

虹の会機関紙（毎月発行）

私を育ててくれた子どもたち

私を育ててくれた子どもたち

連載のページ

虹やで働く面々

はじめに

私を育ててくれた子どもたち――虹の会の機関紙に連載寄稿してきた文の抜粋

はじめまして、佐藤邦男です。

長いこと養護学校で障害児の教育に携わってきました。定年退職してから、虹の会（障害者が働くリサイクルショップ作業所。詳しくは巻末参照）で毎週水曜日に緊張の強い脳性マヒの方のリハビリの手伝いをしています。そんな縁で、今まで出会ってきた肢体不自由や知的障害などを持つ子どもたちがどんな思いで生き、学んでいたかを、また、養護学校義務制（昭和五四年）になる前の障害児学校の教育などについて、書いてみようと思います。


さて、まー君の話を書きます。

まー君は生まれて間もなく髄膜炎に罹り、脳に重い障害を持つことになりました。脳の半分がほとんど使えないと医者に言われ、そのうえ長くは生きられないとも言われたそうです。そう言われれば必死に育てようとするのが親御さんです。「けいれんが止まるようには？」「動きの悪い手足の良い訓練は？」「声を出したり話ができるようになるには？」等、何をどうしたら良いか分からず、子どもを背負ってあちこちの病院、クリニックをはしごして歩いたと。また自分がどう関わっていったらいいのかも分からなかったと言っておられました。

六歳で学齢を迎え、学校はどうすれば良いのか、親御さんはまた迷いました。話ができない、本も読めない、右手、右足にマヒがあり、やっと歩く程度でしたから、養護学校でも受け入れてもらえませんでした。まだ養護学校が義務制でなく、つまり誰でも希望する学校に入れるのではなく、定員制で学校が入学者を決めていた時代です。授業についていけない重い障害の子は、就学困難とされ、就学猶予、免除という制度のもとで、教育対象から外され、在宅か、施設に入ることを余儀なくされたのです。どんなに重症でも、教えていけば何か覚えてくれるのではないか、というかすかな願いも受け入れてもらえませんでした。まーＩ君のお母さんは、また別の学校の門を叩きました。その学校が私が勤めていた東京下町の都立江戸川養護学校でした。当時、江戸川養護学校では教科指導になじまない重症の子どもの受け入れについては、教育相談の窓口として設けた幼児のための観察学級で遊びや生活の様子から、指導の方向を探り、特別枠（特別クラス）で学校教育に組み入れられないか検討していたときでした。そのため、運よくまーＩ君の親御さんの希望通り入学が決定したのでした。

当時、学校では「教育に下限があるか」ということが盛んに話し合われていました。その頃、私を含む二十余人の都内の先生方で、「脳性マヒ教育研究会」を立ち上げ、同人誌『脳性マヒ児の教育』を発行し、この問題を取り上げ世に問うたのでした。それは東京都が希望者全員就学を打ち出した昭和四八年の四年前のことです。そのとき私も論文を寄せ、下限はないと訴えました。その論文をここに再掲載してみます。（昭和四五年九月一日発行同誌第五号）

―教育に下限はない―

「こどもがいる」。この事実を直視しよう。子どもは、自分の願いや他からの刺激を受けて動き出す。その行動を繰り返しながら自分の行動様式や身体の運動機能、思考や判断力を向上させ、自分の型を作って行くのである。

心身に障害を持った子どもの場合、それらが平均的に見た子どもの発達より遅れたり、アンバランスな発達をしているだけであり。重複障害や重度障害の子どもは、より遅く、あるいは部分的な発達として現れるにすぎない。

これらの遅れた発達や幼稚に見える行動は、自分から努力を怠っているから現れているのではない。障害の除去、治療的教育の研究が不十分であることや、この子の持つ能力を活かし、伸ばす努力の不十分さによって引き起こされたものである（科学的に学問として確立途上にあることはいなめないが、それは社会の貧困を物語っていないだろうか）。

学問的と言わなくとも、身近な生活の中にも、それを拒んでいる多くの要因を見ることができる。水あそびをしたい子どもが洗面台に水をいっぱいにして、ぱしゃぱしゃ音をたてながら、顔に水がかかるとヒヤッとした冷たさが心地よく、大はしゃぎして繰り返したりする。子どもはこんな経験から水の冷たさや、服や周りの汚れに対する処置を身につけていくが、障害児の場合、ごく当たり前の経験として捉えてもらえず、さまざまな周りの大人の思惑によって遮られてしまうことが多い。「風邪でも引いたら」「滑って転んだら」「水を飲んだりしたら」「水があふれたら」などの心配や、あるいは大人の仕事量が増えるのを嫌ったり、見栄などの潜在的心象で止めさせられたり、怒られたりしてしまう。重度になればなるほどその度合いが増す。そして、親や教師、周りの人々によって、保護という名のもとに中断されてしまう。

障害が重度であるほど、本人は生きるための課題を抱えているのであり、むしろ能力開発のために、もっと多くの経験やサービスが与えられなければならない。最高の知識・技能を持つ臨床教育者、医師、心理学者、セラピスト、そして行政家が力を貸し与えなければならない。しかし、現実はどうか。金を掛けたぶんの見返りを求めているのではないか。「社会のために有為な人間」、それも直接的生産行動を通して働き得る人間を求められている（この意味で特殊教育は非生産的事業、慈善事業として片隅に押しやられてきた）。

何が社会のために有為であるか、有為でないかを決める基準は何か。それは現在の社会体制下における価値観であろう。障害児の立場から考えたら、「有為な人間優先」は差別であり、生命を奪う過酷な価値観であろう。私どもは人間を尊重すると言いながら、知らず知らずにこんな差別を無意識のうちにしていないだろうか。

「教育に下限がある」としたらそれはどんな理由をつけようとも、子どもの側に立って考えていないことではないだろうか。科学の総力を挙げて、障害児の教育に打ち込むなら、障害を持っていても、部分的にでも社会の一員として、働き得る人間を送り出すことができるだろう。ボタンを押すことができるなら、トイレや服の着脱が全介助を要する障害者でもエレベーターの操作ができるだろう。介助と社会的職業は両立するし、両立させる体制を作ることこそが障害者の生き得る道だと思う。障害者が働ける職場、社会こそ、平等で平和な文化的な社会だと信ずる。

「現場の教師は何をすべきか」が次の問題となろう。それは多くの専門家の力を借りながら、一人ひとりの子どもの能力を見つけ、伸ばし、生活の型を作って行くことを飽くことなく続けることではないだろうか（障害の軽重は問題ではない。制度や予算などが障壁になっているなら、力を集めて、解決を図ればいい）。また障害児の教育は生まれたときから始められなければならない。そして生涯続けられなければならない。生まれたときから、専門の補助者、アドバイザーが必要なことを意味している。学校はその一つの区切りにすぎない。したがって学校という枠を超えざるを得ないのも当然と言える。それは福祉とか教育とかに区切れるものではない。両者の総合施策としての教育であろう。それは失敗の許されない人間の教育なのである。常にその子にとってすべての点で、最高のサービスでなければならない。

したがって、それらを総合的に方向付ける委員会などのチームの必要が生まれてくる。それは行政的措置を決めるものではなく、臨床士同士が臨床的立場から進める措置でなければならない（これらが生まれない社会の盲点にも気付かねばならない）。それらを実践する立場の現場の教師は積極的に参加しなければならない。また現場の教師は、子どもの障害を理解しなければならない。そのための研修・研究に精力的に取り組む必要がある。自分自身を変革するためでもある。

以上まとまりなく述べたが、子どもがいる限り、教育が存在するという原則的立場で考えて行きたい。御批判を乞う。

まー君は雨の日も風の日も、母におんぶされて通い続けました。お母さんは「一日休むと、私とまー君が置いてきぼりになるようで」と一日一日をとっても大切にして、満員電車に乗って通って来られました。

（二〇〇二・六・二〇掲載）

第一章　子どもたちの願い

1　私の目に映った子どもたちの願い

脳性マヒという障害を持つ子どもたちに代わって、子どもたちの願いを語ってみたい。

どうして手が踊ってしまうのか、どうして足が跳ね上がってしまって、歩くのが危なっかしいのか。何故に立っていても近くでちょっと音がしただけで、バランスを崩して座り込んでしまうのか。自分でも分からない。これでは不自由で仕方がない。

困ることはもっと続く。スプーンでご飯をすくっても、口に持っていくまでに、腕が跳ねてしまって、散らかしてしまう。すくったら、口をスプーンに近づけて、サッと嚙みつくようにして食べる。味わって食べるゆとりはなく、皿に口をつけた格好でも、まず食べなくては体が持たないからである。

いっぱい話したいことや伝えたいことがある。でもサッと言葉が出てこない。息を飲み込んでしまって息がゆっくり吐き出せない。それに発声のもとである声帯が一緒に動いてくれないから、声にすらならない。さらに口の中の共鳴がうまくいかないので、声が出ても聞き取りにくくなってしまう。これじゃ何をしようにも一つもまともにいかず、自分の思いを伝えるまでには程遠い。不便極まりない。この様子を周りの人は、「一生懸命頑張っているのに可哀想」と見る。

でもそう見てほしくない。言いたいことのほんの少しでも分かってもらえると、とても安心する。分かってもらえたとほっとする。緊張が緩む。そうすると手がゆっくり動いたり、楽に声が出たりする。苦しそうな表情や緊張は持ち前の動作だから、気にしないでほしい。その格好に驚かずに何を言おうとしたのか、その中味を少しオーバーなアクションの中から見つけてほしい。

周りの人が自分のことを「可哀想」と思う気持ちも分かる。やりたいのにできない、だから手伝うと言う気持ちの流れになるのも分かる。しかし、そうして手伝ってもらうだけだったら、着せ替え人形とあまり変わらない。自分はもう何もしなくていい存在になってしまう。本当はそうではない、自分で考えていること、自分でしたいことがいっぱいあってやきもきしているから緊張して、言葉にならない声を出しているのである。

「人の親切や好意を感謝して受けなさい」と言われそうだ。でも親切がお節介だったり、大きなお世話だったりすることもある。「手伝ってもらっているのに文句を言っては……」と我慢することがあるが、それがかえって思わぬハプニングを引き起こす。車椅子を押してもらってあちこち連れて行ってもらうことがある。そのとき、肘掛けからちょっと腕がはみ出していて、車椅子のタイヤと肘がこすれて、やけどをしたことがある。「熱い」「痛い」と言えず、緊張してさらに肘を押しつけてしまってひどくしてしまうことがある。

事件や事故をあげたら、切りがなくなる。体育の時間、マットに軽く簀巻《すま》きにされて二～三回転がされただけで、腕の骨にひびが入ってしまいギブスをはめられたこともある。合宿などで親から離れたことがない場合など、母がいないだけで熱を出してしまい、合宿を中断して家に帰ることになったこともある。他の人にとっていいこと、楽しいことでも、精神的な負担になったり、緊張がどうしても緩まず、体調を崩す原因になったりする。

他の人の目も、とても気になる。あの視線は何だろうと不安に思うことがある。小さいとき、リクライニングの車椅子に寝ているように座っていたら、小さい子が寄って来て、「おばちゃん、この子死んでるの?」と聞いてきた。首がうまくすわっていなかったから、斜めに座っていただけなのに、ドキッとしてしまった。またあるときは子どもを連れた母親が「病気がうつるからそばに行かないの!」と子どもをたしなめていた。めちゃくちゃな扱いをされてしまう。だから人に会うとどう僕を見てるのか、いつも気になる。

でも人に何て思われるかと気にしてばかりいたら、何もできなくなる。人の目を気にしないで、やりたいことをして行くようにする。はた迷惑と言われたら、そう言う人には言わせておく。それでも手伝ってくださいと頼んで、自分のしたいことをやり通したい。抵抗してでもやりたいことを分かってもらい、自分もここにいて、みんなと同じ空気を吸っていることを伝えたい。そして自分も含めた互助の文化を創りたいと思っていることを知らせたい。

かといって自分の障害を理由に、すべて人の手を借りて生きていくつもりもない。できることに挑戦して少しでも自分も楽になりたいと思っている。考えれば小さいときからいつも「訓練、訓練」で追い回されてきた。少しずつ乗り越えてきたが、まだまだ思うように動けないのが実際である。

手を曲げる動作をするときは、内側に曲がる方向に力が入り（緊張）、反対の肘のほうは緩んでいかなければならない（弛緩）。この緊張と緩みができて初めて動作になるのである。それを一つひとつ確かめて練習するしかない。健常者には何気なくできることなのに、脳性マヒを持つ自分はそれができないで困っている。この動作の学習をこれからも一生続けていくしかない。それは自分の筋肉と神経の闘いなのであり、自分にしかできないことである。

できないことができるようになるかはまだ分からない。でも挑戦しかない。いつも挑戦して努力していることを分かってほしい。そしてこの地域の中で一緒に当たり前に働きながら暮らしていきたいと思っている。

（二〇〇二・九・二〇掲載）

2　命と向き合いながら、学んでいる子どもたち

気管切開をし（人工呼吸器をつけて）学校に通っている子はいっぱいいます。看護師さんが学校に配置され、必要によって適切な措置が母親が付き添わなくともできるようになったからです。また、担任の先生も医療ケアについての研修を重ね、緊急時の痰の吸引とか呼吸器の状態をチェックしたりすることができるようになったからかもしれません。顔色が変わったら（チアノーゼのように赤黒くなったりすることがある）、すぐ機器の点検をしなければなりません。呼吸が数秒止められたら、人間の脳はアウトなのです。痰が溜まり気管から肺に落ちて行ったら、すぐ肺炎を起こしてしまいます。肺炎になると高い熱を出し、抗生物質のような強い薬を使わないと治りません。その間、食べることもで

きず、点滴だけの栄養で治療が続けられます。体力が落ちることにもなります。元の体に戻るのに、何日もかかってしまうのです。

周りの人や家族がちょっと目を離した隙に、事故に繋がりかねないのです。周りがしっかりケアできていれば、呼吸器をつけたままで勉強も見学も、イベントの活動だって、なんでも参加できるのです。そして自分のできることを増やし、自信を持って生活できるようになるのです。しかし、ちょっとした不注意や無理解で事故の一歩手前までいった例はたくさんあります。

夏、暑いので庭でビニールプールで遊んだ後、クーラーの効いた部屋に寝転がっていて、夜になってから高熱を出した子どもがいました。健康な人なら、水遊びをしてクーラーの部屋に入って気持ちがいいかもしれません。クーラーが効きすぎたら、温度を上げたり、部屋から出て体を動かすこともできるでしょう。でもこの子はアテトーゼ（手足の不随意運動）の強い、言葉も障害がある脳性マヒの子どもで歩いたりもできない子でした。プールで体の熱を下げたうえ、続けてクーラーで体温を下げてしまったのです。一緒にいた親は気持ちよく昼寝をむさぼっていましたが、夜になって震えているわが子を見つけてとても慌てました。でももう遅かったのです。

自分では話せない、訴えられない子どもです。周りが、自己本位に考えず、この子の体力や動きをしっかり押さえてのケアを考えるべきだったのです。まだ座れず、訓練のため矯正椅子に胸バンドを締めて勉強をしていたときのことです。いつも先生のほうを見て、緊張する手を上げ、首をやっと持ち上げてよく答えていた子どもです。首もすわりが悪かったりして椅子に座ることが無理だったのかもしれません。静かになったと思ったら、おしっこを漏らしていました。短パンだったのでおしっこが流れたのが分かって、私ははっと気付いたのです。

その子は胸を締め付けられて動きが取れず、疲れたのか、首が前に倒れて気道が塞がれ、呼吸ができなくなっていたのです。意識が遠ざかり、体の緊張が解けて、おしっこが出てしまったのでしょう。私は慌てて首を起こし、椅子から降ろして寝かせたとき、大きく息をしました。気を取り戻してもうつろな目でした。ちょっと笑ったので安堵しましたが、もしおしっこのサインがなかったら、あと一分気付かずにいたらと思うと恐ろしい気がしました。その後は授業の中では矯正椅子は一切使わず、訓練としても、まず首のすわりから始めるようにしていきました。

重い障害がある場合は、首がすわらないし、座れない。もちろん立てないし、歩くこともできない子が多い。つかめないから一人で食べられない。口に入れてもらっても、噛めなかったり、うまく飲み込めず、食べながらこぼしてしまう。食べることが苦手な子は話すこともうまくいかないのです。少し歩けるようになるまで、よく転んで、膝をすりむきます。頭から転ぶことも多く、顔をすりむき、歯を折ったりもします。

「何故できない。早くしろ」と言われてもどうしたらよいか分からない。でも動く、話すことはできなくても聞くことはできる。「ああしたい。みんなと同じにしたい」と思うことに障害の有無は関係ないといってても良い。言われても言い返せないけど、言われたことは分かっている。分かっているだけに悔しい思いもいっぱいしている。「できない」のと「分からない」のを一緒にして言われてしまう。

悔しいとき、顔がキッとなる、視線がきつくなる。体のバランスがもっと悪くなる。そして涙が出てくる。それだって「泣いて甘える」とか「弱虫」と言って片づけられてしまう。叩かれるより言葉の暴力、無視される心の痛みのほうが大きい。自分を分かってもらえないことが一番悔しいのである。そのことが死角となって事故に繋がることも多い。満たされない思いで涙することもある。

親切が過ぎても、自分からは断れないし、断っては申し訳ない気がして耐えてしまう。自分の微々たる努力かもしれないが、それでも自分でやりたいのである。それをそっと見守ることも障害のある子に対するケアなのである。

筋力が弱い場合、車椅子の生活を余儀なくされる。背筋を伸ばせないので、頭や上半身の重みで、脊柱が彎《わん》曲してくる。腰に負担がかかり、腰痛になる。また、お尻の筋肉が発達しないことから尾てい骨が床に当たって痛くなる。生きていくだけで、苦しい毎日を送らざるを得ないことだってある。でも新しいクッションを見つけたり、薬で擦り傷を治したり、少しでも苦しさから解放されようと努力している。そして苦しみや痛みに負けないために、今やるべき勉強や作業をして生き甲斐を見つけようとしている。

毎日、自分の命と向き合っている子どもたちの姿を見て、真摯に子どもたちを支えていくことをみなさんと一緒に考えていきたい。

（二〇〇六・四・二〇掲載）

3　夢を語ろう、――今を語ろう――そして未来を築こう

教え子がこんな詩を寄せてくれました。

一　はじける

わたしは　母から　はじけ　生まれた
施設から　はじけ　一般社会から　はじけ出され
いま　わたしは　もっともっとはじけたい
自由を得るために　思いの方向に　はじけるところまで　はじけたい

二　いま

いま　世界では　何十万人の子どもたちが　飢えで苦しんでいると　いう
いま　わたしは　好きなものを食べて　食べ散らかして
飢えに苦しんでいる子どもたちのことなんて　何も考えないで生きていける
見たことしか　信じられない　知っていることしか　考えられない
だから　わたしは地域で暮らしつづけたい

三　無

しょうがいしゃと　けんじょうしゃが　共にいきるということは
どういうことなのか
一緒に食べて　一緒におしっこして　一緒に寝て　共に喜び　共に泣き

わたしは　自力では一センチも動けないのに
富士山にも　みんなで登っちゃったし　今年はイタリアにもアメリカにも行きました
自分でも　どうしてこんなことができるのか　わからないが
まだ施設にいる仲間たち　どこにも行けないと思っている仲間たちに　伝えたい

四　とびらを開けてください
いつも人に　迷惑をかけている私です
いつも人の世話になっている厄介者です
でも　私は知っています　ひとのやさしさを　ひとのさびしさを
きょうも　あなたのこころを　ノックします

五　だれか　おしえてください
わたしたち　しょうがいしゃは　「障害者」というレッテルを貼られ
雁字搦めにされてきました
「障害者」は〝自分勝手だ〟〝わがままだ〟といわれ続けています
「健常者」側から言わせれば　確かにそうかもしれません
でもわたしはおもいました　わたしは　しょうがいしゃである前に〝人〟なんです
〝人〟が「みんなと同じように何かをしたい」とか「あたりまえに地域で生活したい」とか思う

ことは　間違っているのでしょうか

六「わたしには」
わたしは　一人では　どうにもならないことが　いっぱいあります
たとえば　ひとりで歩くこと　とか　自分で食事をすること　とか
わたしには　自分では　どうにもならないことが　いっぱいあります
でも　わたしと関わることで　このドコモショップの店員さんのように　わたしたちへの見方
が変わっていったり　わたしたちが電車を使うことで　駅にエレベーターがついたり　お店に
スロープがついたりしています
ひとりで歩けなかったら　車椅子があるじゃない
自分で　食事ができなかったら　手伝ってもらえばいいじゃない
わたしも　みんなも　少しずつ変わっていきます
みんな　わずかな変革をめざして（以下略）

※この詩は私が主宰していた日本重複障害教育研究会が発行した「いのちはぐくむ支援教育の展望」誌に、〝詩に託す私の半生〟として掲載された青木優子さんの作品です。

青木さんはアテトーゼタイプの脳性マヒの子でした。立てない、歩けない、持てない、書けない、飲み込むのも苦手、話せるけど聞き取りにくいなど、多くの重い障害を持っていた子でした。でも何でもよく聞き、よく見て話してくれました。自分のしたいことを、してほしいことを、遊びたいことを、語ってほしいことを、見て確かめたいことをいつも頭いっぱいにふくらませて語ってくれました。

〝夢〟です。

健常者が当たり前にできて楽しんでいるのに、自分だけが置いてきぼりなんて、嫌だと思っていたのです。みんながワイワイ騒いで押しくらまんじゅうしているのに、自分は見ているだけなんて嫌だったのです。

できないからとか、危ないからとか心配してくれているのは分かるのですが、やっぱり寝転がってでも体ごとぶっつけて、重なり合って、一緒にやりたかったのです。そばに連れて行ってもらえば、一緒の気持ちになれるのです。笑顔を見せ合えるのです。それがしたかったのです。

どこへでも一人で行って見たい。そんな願いを、電動車椅子を顎で操作できるように改造してもらい、段差をなくしてバリアフリーにしてもらって実現させました。

「富士山に登りたい」と大きな夢も見ました。それに周りの人たちが協力してくれました。どうしたら登れるのか、車椅子で、でこぼこ岩だらけの急勾配をどう登るか、また気象や気圧の変化への対策など、考えれば考えるほど難題にぶつかる。押して登るか、引き上げるか？　この車椅子のままでいいのか？　改造しなければならないのか？　電動は使えるのか？　重すぎて逆に負担にならないか？　でもみんなは一つひとつ解決していきました。集まっては相談し、工夫して製作し、大きなタイヤの車椅子（ランディーズ）を作りました。これができれば後は人海戦術です。何本もの太いロープ、その一本ずつのロープに何人も連なって引き上げる原始的なやり方です。乗っていて楽かと言えばまったくそんなことはありません。いつもハラハラドキドキでした。風も吹けば、時には砂や岩のかけらも飛んできます。幸い雨には降られなかったものの、いつ霧が流れてくるか、視野が遮られるか警戒しなくてはならないし、そのための装備もしなければなりません。岩のかけらが飛んできても手で頭を抱えることもできません。まして体を動かしてよけることもできません。がっちり寒さ対策の厚着をしているうえに、車椅子に縛りつけてあるのですから。でも山頂まで登り切り、霧の合間から見えた下界（初めて見る世界）は自分があくせく歩いている街も家もみんな飲み込んで、実に美しい眺めでした。こうしてみんな自然に守られているのだと思いました。みんなヘトヘトでしたが、彼女は今こうして夢を果たして感慨にふけっていたのでした。この夢は一言「富士山に登りたい」という彼女の勇気ある発言から始まったのです。集まったスタッフ五十人余、計画、準備、制作、整備などにいくら時間とお金（資金カンパ）がかかったか計算できないほどです。大きな輪ができ、大イベントになってしまったのでした。

これらは〝できそうもない夢〟を語ることから始まりました。「大きな船に乗ってみんなで新島に行きたい」「おいしい魚が食べたい」など、こんな願いも実現させてしまった思い出があります。芝浦埠頭から、夜中に船に乗り出航する。朝、新島に着くが船が横付けできる岸壁がない。小さなはしけに乗って島に移る。歩けない子はおんぶして小舟に乗り移る。ぐらっときたら、そこは海。心配は山ほどあったが、慎重に計画し行動することで無事乗り切ったのでした。

車椅子のままバスや電車に乗りたいといった願いがノンステップバスを生み出し、エスカレーターやエレベーターの設置にも繋がりました。夢は実現されてこそさらに大きな夢になる。夢は夢で終わらない。終わらせてはならない。知恵と連帯、共に生きる思いがあれば実現できると信じて、夢をまた語りたいものです。

（二〇〇七・一二・二〇掲載）

4　寄り添い、一緒に悩むことがいい

◎分からないから、しないのではない。

どうしたらよいか、困っていて、動けないでいる。

どうしたらいいか分からないとき、誰だって考え込んでしまい、あれこれ思いながらも、考えがまとまらないまま、ときを過ごすことがある。こんなとき〝はっきりしろ〟とか〝早くしたら〟とか周りから言われたりすると、ますます自分の殻に閉じこもってしまう。やろうとしても体が固まってしまい、人の顔色をうかがい、おろおろしてしまう。

追い立てられて見通しのないままに答えてしまうと（例えば「はい」とか「行きます」など）「でまかせ言って」と不信の言葉が返ってくる。立て続けに言われても本当にどうしたらいいか分からないのだから、どうしようもないと言うのが本音だ。

そんなとき、経験したことが活きてくる。褒められた経験や、楽しい経験を思い起こす。先生のそばに行く。先生が褒めてくれたことを思いだし、近くでうろうろする。何か声を掛けてもらえると思って、他からはうろうろにしか見えなくとも、その子どもにとっては困っていることを解決するための

行動なのである。これに気付き、声を掛けることで子どもの願いにかち合うことができる。子どものそばに寄って〝どうしたの？〟とか、〝何がほしいの？〟とかヒントを先生が出すことで、やることが見えてくる。

落ち着きがなく、歩き回ることが多い場合や、じっとして仕事をしない場合などでも、やっぱりそれにも何か理由がある。友だちが食べているのを見て自分も同じものがほしいとき、遠くから見ていてほしいと言えないとき、どう言えばもらえるか分からないとき、うろうろ歩いてしまうことがある。言葉が出てこなかったり、思いを言葉にできないで、いらつくと、うろうろが激しくなったりする。そんなときの〝どうしたの？〟という一言が安心に繋がってくる。「自分の味方に先生がなってくれた」。それだけでも困っている子どもにとっては救いなのである。他の子と同じ色紙が欲しかったことを分かってもらって、机に向いてくれる子どももいる。折ったり、ちぎったり、いろいろな作業の後で、作品が出来上がる。やることは分かっていても、言葉で伝えられないことが大きな壁になっているのである。

◎子どもの行動には、みな意味がある。それに気付けば子どもの心の動きと同じものが見えてくる。何の目的もなく行動していることはない。物を見る、ほしいとか、触りたいとかいう子どもの思いは視線の向け方やその頻度でも分かる。例えば可愛いぬいぐるみに興味を持った子どもが実際にそれを手に取ると、にっこり笑う。柔らかいことが初めて分かり、頬につけてうっとりすることもある。その感触が大人になっても続き、そのぬいぐるみが真っ黒になっても離なさず、人には触らせまいとまでこだわることもある。ハンカチを口にくわえると落ち着く子もいる。母親のおっぱいを吸っていた心地良さを、思い出しているのかもしれない。ハンカチを守り神のように感じ落ち着きを取り戻せるのかもしれない。しかし、それが行きすぎてしまうとそこに閉じこもってしまい、新しい経験に踏み出せないこだわりになってしまうこともある。だから新しい感触、新しい経験へ向けていく必要を読み取らねばならない。そのままでは偏りだけが目立ち、みんなの生活とかけ離れた世界に走ってしまう。そうすると一緒に暮らし、学びあうことが難しくなることに気付かなければならない。

一人砂場で遊んでいて、みんなのいるジャングルジムには行かない、みんなが砂場に来ると、一人ブランコへ行くなどの行動を取る子どももいる。みんなといるのが嫌いとか、人との関わりを嫌がって、一人遊びが好きという解釈をすることがある。でも、本人が大きくなって、あの頃の思い出を筆談で書いたものを見ると、「本当は先生に抱っこしてもらいたかった。みんなと一緒に遊びたかった」と打ち明けている。体に触れられることに慣れていないために、恐怖を感じて、甲高い音に耳をふさいだりして、人を避けるように見えていたが、本当は早く慣れて、一緒に遊びたかったのだと言う。素振りだけ見て決めつけてはいけないことを銘すべきだと思う。こんなとき、専門的な知識がかえって邪魔をしたり、先入観を作ったりしてしまう。

みんなで手をこすったり、叩いたり、握ったり、離したりなど、手遊びを楽しく繰り返していけば手を繋いで遊べるようになる。「こっちへいらっしゃい!」的に手を引かれたら、逆に手を出すことを拒んでしまう。手は社会の窓口であり、周りに関わるための身近な道具である。あげる、もらう、貸す、借りる、渡すなど手でやり取りする。重いとか軽いなどの感覚を多く経験する部位でもある。

寄り添い、手を繋ぐことが次に進むための出発点であるかもしれない。

◎自分から始めることで、初めて自分の力になる。

互いにそばにいなければ、触れ合う機会は生まれてこない。子どもは自分が認められ、同じ所にいられたら（居場所）嬉しいし、満足なのである。かといって無理に居場所を押しつければ反発する。押しつけは、「嫌」という気持ちに輪をかけて人を遠ざけて不信をまねく。「〜しなさい」と言われれば、言った人を警戒し、次に何を言われるかが気になり、しようと思っていたことが頭から消えてしまい怖さだけが残る。それでも動かないでいると「さっき言ったのに」「聞いていないの」と人格を否定されるような言われ方をする。「聞いていないの」と怒られて、この先生にはついていけないと感じ、気持ちが離れてしまうことがある。まして「〜してはいけません」と命令調に言われれば、そのきつい顔色ときつい語調しか頭に残らず、寄り添うことはないと言える。指示、禁止、命令で子どもの心を解きほぐすには、よほどの寄り添う信頼関係がない限り、難しいと言える。

◎寄り添い、一緒に試行錯誤してみる。できるまで根気よく悩み考えてみる。赤ちゃんを怒る人はいない。赤ちゃんに文句を言う人もいない。理屈を説く人もいない。赤ちゃんが泣いたら、抱いてあやす。お腹が空いているか、おむつが汚れているか、声を掛けながら処理していく。それでも泣いているときは百面相をして見せ、歌って聞かせたりして機嫌を取る。熱とか、風邪とかどこが痛いのか分かるまで、そして治まるまで寄り添い、子どもに声をかけながらあやし続ける。こうして子どもとの関係が作られていく。

大きくなって、聞き分けて当たり前と思うことでも、その一歩手前で乗り越えられずにいる子どもがいっぱいいる。個性や長所を素直に伸ばすにはその子の願いを体で聞き取り、一緒に考えることが大切である。「僕の好きなことが分かる人」「僕の願いを叶えてくれる人」あるいは「親に近い人」と子どもが感じられる人になることがいい。

仕事をする手順は、経験によって積み上げられていく。褒められた経験がそれを持続させ、努力するエネルギーになっていく。働いて給料をもらう。それでやりたいことができる。嬉しいからまた働く。そしてお金の使い道を考えて、喜びを増やしてさらに働くことを身につける。

これら全て寄り添うことから始まる。そのためには、不安を取り除き自分からやり始めるまで見守ることが必要である。理屈はもういい。障害があろうとなかろうと、楽しく遊び、一緒に学ぶ。当たり前の暮らしがしたいのは皆同じなのだから。今できることを見つけ、喜んでやり、自信をつけていくしかない。障害があってできないと言うのは、できないことを障害のせいにしてしまい、それを乗り越えられないことまでも子どものせいに置き換えてしまっているからではないだろうか、今できないことを本人の自主性でどう乗り越えていくかということを育てるのが大人の責務であり、その条件作りを怠ってきたことを忘れてはならない。「やらせる・教える」という発想がある限り、子どもは自分から動き出そうとはしない。子どもは自分でやりたいのである。その自主性が発揮されるまで寄り添い、一つひとつ悩み乗り越えさせていくしかない。

（二〇〇八・一一・二〇掲載）

5　きっと届く、子どもへの願い――信じて待つ

誰でも心を持っている。思いがある。たとえ植物状態の人間になって意識がないのではないかと言われる人でも、最新のｆＭＲＩ（機能的磁気共鳴画像）を使えば会話できることが分かってきた。実際イギリスの医療チームの発表によると、植物状態と診断された患者に、「テニスボールを打つところ」「自宅の部屋を歩いているところ」を想像するように指示し、ｆＭＲＩで脳の活動を調べたところ、患者五四名中五人の方が脳障害のない健康な人と同じ反応を示し、意識があることが分かったという。また、さらに「兄弟はいますか？」に対し「はい」ならテニスを、「いいえ」なら自宅を想像するように指示したところ、正しく答えられたと言う。これはあくまで研究の中での可能性が示されただけで、実際どう治療に活かすかは、まだ他の倫理上の懸念もあり、課題が多いのだという。しかし、このことから、何も見えない、聞こえない状態、呼吸しているだけの極限の状態の患者でさえ、自分が生きていることを懸命に訴えていることを改めて知らされた思いがする。

先日、危篤の兄を見舞いに行った友人の話を聞いた。「兄貴、大丈夫か？　苦しいか？　頑張れよ」と声を掛けたが目を見開き、瞬きもせず、見つめられたと言う。表情にも、声にも苦しいとも何とも出さなかった兄だったが、体を起こして抱きながら、何度も話しかけてみたと言う。もう何も言えない、手も握り返してこない状態だったのに、話を聞いているような目の光を感じたと言う。ｆＭＲＩの画像で見たら、血流の動きが見つかり、返事をしていたことが確認できただろうと思われる。

植物状態とはいえ、自分で呼吸し、体温も保っている。経管栄養を胃に送れば消化吸収しているのだし、排便もする。体は生きている。脳死でもない。しかし、どう聞こえているか、どう見えているか、反応として返ってこない。それでも生きていることは確かである。だからこそ友人は最後まで兄には生きて自分の人生を全うしてほしいと願い、いつか応えてくれるときを待って、そばに居続けたのだという。

重度の障害を持つ子どもの場合も、自分から新しいことをやり出すことは少ない。でも周りの者は「笑った」「おいしそうに口を動かした」と言っては一喜一憂する。小さなサインを見つけては話し掛け、体を揺すったり、歌ったり、読み聞かせたりする。笑ってくれたなら、何にもまして嬉しい、同じ時を過ごした実感が湧く。心が通うというものなのかもしれない。そばにいること、寄り添ってぬくもりを共有することを続けるしかないのかもしれない。その代償を子どもに求めない。届くまで待つしかない。しかし、子どもの心は生きてそこにある。それを何人も否定することはできない。人間の生きる権利はここにあると言ってもいい。

——公園の中での会話から

「おばさん、この子生きてるの?」「寝ているの?」「歩けないの?」。目を閉じて身動きしないリクライニングの車椅子に乗ったままの我が子を見て、口々に言う。三、四歳の子どもたちの好奇な目がそんな辛辣な言葉を言わせているのかもしれないが、ドキッとして返す言葉もなかったと、お母さんが述懐されていた。目を閉じていたとはいえ、元気な子どもたちが車椅子を揺らさんばかりに、周りでワイワイ騒げば、我が子に聞こえていないとも限らない。わが子がそれをどう聞いたか、そのほうが案じられたと言う。

普段、泣いたり、体を緊張させて何かを訴えているものの、それが具体的に何を伝えようとしているかは想像してみるしかない。嫌なのか、良いのか、その場面で素早く表現する手段を持っていないから、見過ごしてしまうことも多く、子どもの思いに気を配るところまで行きつけない。でも騒ぐ子どもたちの言葉が快く心に響いていないことだけは確かだと思う。

親としてこの子どもたちの声に反論したいのは山々だが、三～四歳の子どもの思いに添うように答えるしかなく、「病気になって、歩けないの」「ほんと！」という会話になる。子どもを抱き上げて見せ、足が動かせないこと、立てないことを話す。「ずっと歩けないの?」「訓練して歩けるようになってほしいと思っているの、本当は」と答える。我が子にどう届いたかは分からないが、友達がほしくて公園に来たのだから、辛抱強く、相手になったと言う。もっと大きくなったら、車椅子を押して遊びの中に入れてほしいと願いながら話したと言う。

昔は「病気がうつるから、近寄るんじゃないよ」と子どもの母親が子どもを遠ざけたが、今は母親同士の連帯もあり、障害への理解も深まってきて、壁はなくなりつつある。とはいえ、同情という偏見の根も深く、子どもの心へのアプローチは必ずしも温かいものばかりとは言えない。

共に過ごすことで、子ども同士が関わり合い、仲良くし、反発したりして、子ども自身が友達として互いに実感していくことが大切であり尊い。教わる、与えられる関係の中だけでは一方的で、いざという場合、「後で」とか邪魔扱いにされてしまう。共同の場で生活し、一緒に学習してこそ、障害児も健常児も人としての支え合うことを真剣に身につけることができる。自分からは話せなくとも、重度の障害を持つ子の叫びかもしれない。健常な子どもにもきっと届くように願わずにはいられない。

——仕事の中で

一緒に仕事をして行く中でもさまざまなトラブルが起こる。約束が守れない、仕事が遅い、遅刻するなど示しがつかないことがある。共同歩調を取るために決まりを定め、その約束に反したら罰が与えられることになる。当たり前の社会のルールなのかもしれない。しかし、これまでできないことでさげすまれ、「早くしろ」「ぐずなんだから」とさんざん言われてきた。それに反発して怒ったり、逃げ出したりして生活してきた。遅くてもいい、下手でもいい、頑張れないときは頑張らなくてもいい、とは誰も言ってくれなかった。待ってくれなかった。だからどこにも身の置き場がなく、逆に反発してしまい、もっと居づらくしてしまったりしてきた。

中には卑屈になって「ごめんなさい」、「明日からしっかりやります」と周りの大人の顔色を見て言ったりするようになる。それでは惨めな思いになってしまう。もっとゆっくりでもいいから、自分の思うように仕事をしたり、楽しんだりすればいい。みんな仲間だからみんなと一緒のことをやるように心掛ければいい。卑屈になることはない。精いっぱいならそれで堂々としていればいい。「みんな違ってみんないい」のである。みんなが好きなら、一緒に働けばいい。自分でできるように努力するなら、なおいい。そうなるまで待ってみることも大切なのではないかと思う。

表面的な扱いは長続きしない、罰は心をかたくなにするだけかもしれない。罰を恐れて言う「ごめんなさい」は逃げ口上になるだけで、反省にならない。本当に嬉しい、ありがとうと言えるときが来るまで、待ってみてもいいのではないかと思う。子どもが応えてくれるのを信じて。

（二〇一〇・二・二〇掲載）

6　人はどう生きるか、その答えは障害がある子どもたちのぎりぎりの生き様に現されている

虹の会の事務所を訪ねた。筋ジストロフィーの障害があり、人工呼吸器を付けて電動車椅子を操作している青年に会った。「こんにちは」と挨拶すると「あー、こんにちは」とすぐ返してくれて、愛想がいい。細い目の笑顔が印象的だった。ときどき会っていたので、気安かったのかもしれない。

今一番困っていることを聞いた。失礼な聞き方だったけど、あっさり答えてくれたのでほっとする。「肺に空気が入っていかない、このままだと死んでしまうかもしれない。それが一番怖い」と。呼吸するための胸の筋肉、横隔膜、気管と肺の周りで空気を取り込むように動く筋肉が、少しずつ委縮していく筋ジストロフィーの病気のために思うように動かせない。医療の助けがなければ、ほんの少ししか空気が入っていかないのが分かるという。自力では十分な呼吸ができないので人工呼吸器で鼻からパイプを使って酸素と空気を送り込み、呼吸する筋の動きを助けているという。気管切開はしていないので、話をすることはできるが呼気を多く使うと吸う空気が少なくなりそれだけ肺に入る空気（酸素）も少なくなる。だから大きい声は出さず、最小限の対応の寡黙で済ませているという。筋ジス特

有の良い姿勢？　を取ると、車椅子では直角に近く座ることになる。座布団か、ウレタンのマットを敷かざるを得なくなる。すると、尻がふさがれ、ガスが充満して、お腹が張ってきて、横隔膜を押し上げて肺に空気が入るのを妨げる。だからオナラがしたいという。横になれば出るが自由にはならない。姿勢が崩れたら起き上がれないからである。かといってリクライニングにしてしまうと車椅子を自分で操作できなくなるし、少しでも動かせる力がある限り、その力を使いこなしたい気持ちもある。

腰や膝の関節も座った格好に強制されて、曲げ伸ばしが自由にならない。寝るときも膝立てのような格好になることが多い。つまり体を横にするにも、一人ではできず、人の手（介助）が要る。関節に拘縮があり、曲げ伸ばしのリハビリも絶対の要件になるが、その治療や訓練を診てくれる所もない。病院に入院してちょっと診てもらったことがあるが二次障害で片付けられてしまう。

病気をして長くベットにいた方なら、ちょっと体を動かしてもらったり、寝返りをさせてもらったりすると、生き返ったような気持ちになった経験をしたことがあると思うが、そんなつらい金縛りに遭ったような毎日が、ずっと、終わることなく、続くと思ってほしい。また、尻に当たるクッションも位置が悪ければ、褥瘡になりかねない。なるときはあっという間にできてしまう。治療は痛みを伴い、新しい肉が盛り上がってくるまで長い日時を要してしまうので、周到な注意が要る。介助者が寝る間もないと言うほどに痛がったり、違和感や凝りに悩まされるのである。

今二十四時間の介護者を雇いアパートで独り暮らしをしている。トイレ、着替え等何をするにしても、親がかりでは自慢にならないからである。恋をして、結婚したいといっても相手が自分だけを見て判断してくれない。親への気遣いが入り、ストレートに自分だけの問題として語り合えないからである。あるがままの自分が自分であることを多くの人に示したいと思っているとも言っていた。

今「虹の会」で特定の仕事はないが、介助派遣の面接などに参加し、どんな介助が要るか、介助とは何かを話したりしている。人に物が言えるには自分の生き様をオープンにできるようにならなければならない。生き様がみんなの評価や判断の基準になるのでそれを見せるしかない。

毎日風呂に入りたいと福祉の入浴サービスを願い出たが、週一回しか来てくれない。この暑い中、汗もかくし、垢も溜まる。頭も臭ってくる。一日一回はさっぱり汗を流したいが「勝手すぎる」と言われた。何とか浴槽（横になって入れる細長いバスタブ）だけ補助してもらい、台所の隅に置いて入れるようになったが、行政とのやり取りに何年もかかったのには呆れてシャレにもならない。浴槽購入は確かに粘り勝ちだったけど、つまり「買い与えてやったんだから、これで良いだろう」と片づけられたことになっているなら問題である。これが人としての願いを聞くべき福祉の結論かと思うと疑問が残ったとも言っていた。

とにかく生きていくには、今自分が何をしたいか、自分から口火を切らねばならない。周りに遠慮していたら、時には取り返しのつかないことだって起こり得るからだ。今彼は鼻腔チューブで経管栄養を取り、口からは水分を少し採る程度であるが、以前、食事をしていたときは、何を食べたいかを、言わなければ買って来てもらえなかった。どう調理するか、どんな味付けにするか、毎日のことだから、言わなければ自分で作ったことにはならない。でき上がった弁当を買うこともあるが、やっぱり自分の味で食べたい（自分で料理はできないのだが）。それは贅沢ではなく自分で生きたいからそれをしている。とにかく自分の気持ちや考えを自分から発信していくことが何よりも大切であると語っていた。

前にも書いたが、夏休み、自宅のビニールプールで暑さをしのぎ、すっかり満足していた子どもが、水に長く入ったことと、室内のクーラーで冷やされたことにより、体温調節を乱し、唇が青くなって体が震え出したことがあった。「寒い」とも言えないまま、唇の色が変わったのを誰にも「変」と気づかれず、そのことがもとで肺炎に罹り、死亡してしまうという最悪の結果を迎えてしまうところだった。

みんな子どものために良かれと思ってしたことが、思わぬアクシデントに変わり得ることがある。また何かしてもらって、「これ以上迷惑かけては悪いから」と遠慮したことで、事態が変わることも考えておかねばならない。「寒い」とは言い出しにくかったとしても、唇の色が変わったり、体の震えが出てきたとき、子どもが何も発信していないことはない。体を横にするとか、唸るとか熱を出すとか必死でサインを送っていたはずだと思う。それに周りが気付いて、サポートしていく余裕や用意がなくてはならないと今改めて痛感している。

自助努力はしている。しかし周りには見えないことも多い。「また同じことをしている」「わがまま」だと言われかねない。しかし、寄り添う、介護する、と言うことは子どものサインを捉え、それを確かめて、力を貸すことでなければならない。極端に言えば気づかないと言うことはネグレクトしていることになり、差別と虐待のはしりになりかねない。親が介助者になれないことはない。親としての主観を捨て、子どもの動きをサインと捉え、忠実に実行していく介助者になればいい。難しいことではあるが。だから同じクラスの子を見るにしても、自分の子でない方がどう手を貸すかなどの方法を学ぶことができると言う。遠足について行くにしても、買い物でも、子どもがしたいと言うことを素直に受け止め、叶えていけばいいだけのことである。子どもがいつも先で大人はサポートに徹すればいいだけのことである。

青年はいつも命と向き合い、その中で自分で考え、今一番したいことを模索し、表現しようとしている。これからの生き方については試行錯誤中で、これから仲間の力を借りて見つけて行こうとしている。気管切開という事態もいずれ襲ってくる。しかし、どんなときでも迷ってもいい。へこたれない生き様を見せながら、この世で輝いていってほしいとエールを送りたい。（二〇一〇・八・二〇掲載）

7　本人の言う通り、力を貸して下さい

M男は、九歳のとき高圧の送電線に引っかかった凧を取ろうと鉄塔に登った。そして凧の糸に触れたとたん、火花が走り感電して、地面に叩きつけられた。不幸中の幸いというか両腕の肩からの切断で留まり、命だけは取り留めた。ずいぶん無謀なことをしたものだが、やんちゃざかりのM男には自分で凧を取ることしか考えなかったのである。

それ以降、彼は両手のない生活をせざるを得なかった。ご飯はお皿に盛ってもらい、口をつけて直接口をつけて食べた。牛乳やお汁はコップに入れてもらい、口にくわえて、傾けて飲んだ。もちろんストローがあればより便利だったが。鉛筆や筆を口にくわえれば字も書けたし、絵も描けた。クレヨンは竹を割って挟んで、丸い輪を通し、その竹をくわえて描いた。その差し入れや輪はめは足でした。第一指と第二指（手で言えば親指と人差し指）に挟み、手と同じように動かした（鉛筆も削ったし、頭も

掻いた)。洗面は水道の蛇口を上に向けて、口で栓を回し、顔を水で濡らしてから、座って足でタオルで拭き取った。濡れたタオルも両足で絞った。

おしっこは腰を揺すってパンツを下ろしたり、戸板に腰を擦りつけてずりおろしたりして、用を足した。裸になるのは小さいうちはよかったが、中学生ぐらいになってからは下半身を見られるのは嫌なので、トイレの中の戸板に、腰よりやや低い位置に釘を一本打ってもらい、パンツをひっかけて上げ下げした。尻ふきは金隠しの丸い部分に紙をちぎって広げ、お尻を擦りつけて拭き取った。今のように水洗トイレがあれば自動的に洗い、流し、乾かしてきれいにしてくれるが、昭和三十年代で、和式トイレしかなかった時代であった。

帽子、ズックの肩掛けカバン、裸足が彼のスタイルだった。学校の寄宿舎生活をしながら、友達ともつれあって、助け合って過ごした。あるとき、起床時間に寮母の先生が各部屋を回り、「朝ですよ、起きてください」と言って歩いたとき、「うるせえ! もっと寝せろ、くそばばあー」と怒鳴りながらM男が布団にもぐり込んだことがあった。高校生になっていた彼は背も一七〇センチ、両手がないだけで体格も良くその言葉に威圧感さえあった。舎監だった私は寮母さんの「先生! 何とかして」の訴えに、M男の寝床に出向いた。他の子たちはそれぞれ這いまわりながら布団を片づけ、着替えをしている最中だった。部屋頭でもあるM男に物いう子はいなかったし、不自由な子どもたちだけだったから自分のことで精いっぱいであった。

私に布団を剝がされ「起きろ!」と命令調に言われ、彼はようやく「はい」と言って起き上がった。トイレに飛び込んで帰って来たときは、他の子どもたちはそれぞれ洗面に向かい、部屋には自分の布団が無造作に残されていた。いつも布団を入れる下段の押し入れに足で押し込んで、片づけは一段落したが、「後で舎監室に来なさい」と大目玉を食ってしまった。朝食後、しおしお舎監室に来たM男は説教されるぐらいに思っていたようであったが、私は彼の寮母さんへの暴言を確かめ、何故そう言ったかを考えさせた。高校生はもう大人である。「怒られたから謝る」で済ませるだけでは能がないと考えた。

「くそばばあ」はつい口から出ただけのこと、本当はそんなふうには思っていないという釈明も聞いた。しかし、その言葉が飛び出す内に潜んでいるすさんだ気持ちに私はこだわった。寮母さんには「申し訳ない」と謝らせた上で自分自身の反省を態度で示すように言い渡した。今晩また話し合おうと、その朝の話は終わった。

夕食、自習後、舎監室にやって来たM男は「自分が一番苦手な朝の起床の呼びかけを、先生が回ってくれているが、僕がその代わりをしたい」と申し出て来た。朝、いつもより早起きして、六時に各部屋を回ると言う。「自分への挑戦」と聞いて納得した。それから卒業するまでの半年間、毎日起床係をやり続けた。六時に起床ベルを押す。そして各部屋を回り「朝です、起きてください」と六室ある部屋をノックし続けたのだった。

卒業のとき、半年間の起床係としての体験は、自分にとって何であったか、自分をどう変えたかは聞きそびれた。でも一日も欠かさずやり抜いたことから、その答えは自分の中でも、出していただろうと思って黙って送り出した。

今彼は口で描く画家として多くの油絵を世に出している（五十一歳）。珍しい竹紙絵《ちくしえ》（筍の皮を素材にした紙に描いたもの）集を出し、また、世界身体障害芸術家協会員として第一線で活躍している。

もう一人、脳性マヒによる四肢機能障害を持つ青年を紹介しよう。寄りかかって歩くウオーカーで昼食のために学食内に入る。財布は首につるしてあるが、自分ではお金はとりだせない。注文は何か、たどたどしい言葉で言えるが、金は払えないし、皿を運ぶことも、そのうえ一人で食べることもできない。誰でも近くにいる人に「お金を財布から出して払ってくれませんか」「テーブルに運んでくれませんか」さらに「食べさせてください」という。頼まれた学生は「なんだ、こいつ！」と捨て台詞を投げて通り過ぎたり、面倒くさそうに運んでくれたりとさまざまであるが何度も繰り返し頼んで、食事をしていたという。

上げ膳、据え膳で食べるのは一番楽。でも自分の食べたいメニューを自分で選んで食べたい。とにかく人の言いなりになりたくない性分である。学食で「食べさせてください」と頼んだとき、みんなが自分をどう見てくれるか、気がかりでもあった。見下す人もいる、馬鹿じゃないかと怒号されることもある。しかし対等な相手として認めてくれる関係を求めて食い下がる。そんな思いで多くの人に声を掛けていると言う。

酒が好きで「一杯飲みたい」と街角の屋台に立ち寄る。でもコップは持てないので「ストローください」と言ってストローで飲む。居酒屋の前で、ウオーカーにぶら下がってウオーカーの手前にある小さな台にコップを載せてもらって、ストローを突っ込んでもらって飲む。仕事帰りの人たちが仲間と一杯といった雰囲気の中で、会話を楽しみながら飲むのだという。「今何しているの？」とか「家はどこ?」「転んだりしたら、どうするの?」。興味本位もあるが一生懸命生きている共感があって楽しいのだという。

彼は作家で、小説やエッセイなどを書いているが、その中に『お酒はストローで、ラブレターは鼻で』という本などを書いている。障害者と言われるのは一向に構わないが、障害者だからと自分の意思が無視された過剰な介護や手出しを嫌い、這いつくばってでも一人でやってみたい若者であった。してほしいことを聞いてそれに応えてくれる、そんな関係を作りたい。人と人との関係——文化を持ちたいと考えているようであった。

「食べさせてください」。一番言いにくいことでもある。何を食べさせられても文句は言えない。そんな危険だってある。しかし、動かない手を見て、どうしたら良いか、戸惑いながらも、どのくらいずつ口に入れたらいいか、大きい口を開けるので、スプーンがのどに当たらないかと、やる方も四苦八苦しての格闘になる。この格闘が、異様な共感になって、次のときは「おい」と仲間として声を掛けてくれることが嬉しいと言う。

バリアフリーということが言われる。しかし何でも敷居がなくて平らであったらいいかと言えば、這い上がる難所があったほうが生きがいに繋がったり、リハビリになったりする。うまく嚙めないことが多いが、固い物への挑戦は憧れでさえあるという。したがって障害者への接し方は個別的で、一人ひとりみんな違っていい。本人の願い、希望に寄り添って、一緒にできるように力を貸してくれればいい。どう暮らしていくか課題のある障害者自身が、一番してほしいことを自ら言葉にするのを待って、叶える、一緒に努力することが一番いい接し方なのである。

誰でも自分の思いと違うことを良かれと思ってやられることは、いい迷惑なのである。「できるようにしてやるんだから、我慢しなさい」ではなく、相手に勝手に考えられることが嫌なんだから、よく聞いてから納得しあってから手伝ってほしいのである。不自由なのは当事者本人が一番知っている。「苦しいでしょうから」と言われ、何か与えられるような生活は送りたくない。「してあげる」という上から目線が一番嫌だと言う。

「力を貸してください」といった本人の気持ちに添って本人の目線で力を貸してほしいのです。

（二〇一一・七・二〇掲載）

8　どんな小さな声でも、聞き届けてほしい

寝たきりの重い障害を持ったK男は、身動きもせず、ただじっとベットの上で天井を見ながら過ごしていていた。母は「何故私の子が、障害を持って生まれたのか？　自分に思い当たることは何もないのに、どうして？」と長い間、障害を受け止めることはできなかった。

自分のお腹を痛めた子、しかし、可哀想とは思っても、かわいいとは思えなかった。悔しさだけが頭をよぎり、どう育つか、どう生きていけるのか予想もつかず、これから先は何も見えて来なかった。捨て鉢になり、体調を崩して体が動かなくなってしまったこともしばしばあった。ベットに近づく足は重くて、へたり込んだこともあった。二十四時間付きっきりになるしかなく、子どもの全生活（食事、排せつ、睡眠、体温の調節、空調など）すべてが母親一人の介護になっていた。

こんなとき、娘二人と父親が、このままでは母が参ってしまう（精神的にも）とかわるがわるM男をベットから抱き上げたり、寝返りさせたり、今日の天気の話をしたり、花を摘んできて見せたりなどをみんなで繰り返しやってくれた。しかし、K男からの反応はほとんどなかった。お腹が空けば、赤ん坊は泣くのが当たり前だが、K男は泣きもしなかった。もちろん哺乳瓶を口に含むことも、吸うこともできない。管を鼻から胃に通して、時間を決めて栄養剤を送り込むだけだった。目も黒目が左右に動くが、物を追っている風でもない。聞こえているかもはっきりしない。体のどこかを緊張したりしてくれればいいが、体に触っても動きが反射的にも返ってこない。

でも心臓が動いており、自力で呼吸もしている。胃に送られた栄養は消化され、便も出ている。いいウンチが出ていると思うと、しっかり生きていることが感じられた。おむつを替えようとしたときに、おしっこを噴出することもあって、みんなで驚いたこともあった。「これが生きていることなんだ」「生きようとしているんだ」と、家族みんなで喜び合えるようになり、K男の思いを引きだすためにもっともっと関わりを多くしていこうと話し合った。

大きな転機は近所や障害のある子どもを抱えている家族との交流を始めたときだった。ボランティアの学生さんたちも訪ねて来てくれた。姉二人の友だちも来てくれた。父も夕方以降の仕事をできる限り止めて家に帰り、みんなの活動に加わった。寄り添って、喜ぶだろうと思われることを積極的に関わって行くようにした。

浴槽を持ち込んで、みんなで周りから手を出し、ワイワイ、キャッキャッ話しかけながら、湯遊び、体洗いをした。圧巻は音楽バンド、いろんな楽器を持ち込んで、コンサートよろしく演奏し、歌ったときだった。

その最中にK男が笑った。一瞬だったが無表情に見えていた頰が動いたように見えた。何かがK男の心に届いている。そう思えた。医者は脳波の変化は見られず、頰の筋肉の反射に過ぎないのではないかと苦言した。でも、抱いて庭に出て、散歩するときも、車椅子で公園に行くときも、その笑いが何度も見られ、反射ではなく、K男が喜んでいる証しだと思えるようになった。

六歳になり、体重も増え、栄養剤の量も少しずつ多くなっていった。そして学校へ籍を置くことになった。まず訪問籍でと、もう一つの交流の場が増えた。そうした関わりの中で徐々に変化が見え始めた。抱きおこすときも心なしか、抱きやすいように体を起こそうとする気配が感じられた。周りをガードしながら、座位を取らせると腰を起こすような抗重力姿勢を取るように背すじを伸ばす感じになってきた。触り返す動きが右手人差し指に感じられ、モンキッキのぬいぐるみのスイッチを持っていったところ、押したか、触ったかはっきりしなかったが、スイッチが入り、モンキッキのシンバルが鳴った。またスイッチを近づけたら、指が動き、シンバルが鳴った。みんなで「できた」「K男がやった」と喝采した。

母一人だったら、潰れていたかもしれなかった。家族の絆と、周りのボランティアの輪がそれを支え、できることに繋がったのである。

教育学者太田堯さんの言葉。

「教育とは命と命の響き合いです。子どもは一人ひとりユニークで弾力性のある設計図を持っていて、あらゆるものから影響を受けて、自分を変えていく能力を備えています。その学習活動を援助し、

励ましていく介助が教育だと思っています」（著書のエッセイ）

和光病院長の斎藤正彦さんの言葉。

「認知症に苦しむ患者さんの声こそ、みんなが耳を傾けなければならない。『明日のことを考えたいと思うのに、今日したことが思い出せない。この頃なんだか、分からないことばかり、私の頭が崩れていく。神様、早く迎えに来て下さい』とアルツハイマー病の母が日記にこのように記述していた。アルツハイマー病と診断受ける三年前、周囲にいた私たちが様子がおかしいと思うようになるずっと前から、母は自分の精神の変調に気付き人知れず苦しんでいたのでした。認知症の方には自覚がないと言うのは嘘。認知症に苦しむ方の声こそ、本当の願いが隠されています。それを本気で聞き届けて行くことが、命と命の関わりあいになると信じています」

こういった指摘を我々も噛みしめてみたいものです。

（二〇一一・八・二〇掲載）

9　二次障害の訴えるもの

二〇一一年九月十九日、国立オリンピック記念青少年総合センターで開催された「脳性マヒの二次障害のシンポジューム」に行って来ました。第九回というから、もともとの障害のうえに、さらにその障害によって作り出されたと言える二次障害に苦しんでいる人々が、多くいることを改めて知りました。車椅子の人が多かったが五〇人余、痛み、苦しさ、負い目をどう乗り越えるかの真剣な討論が続けられていました。

脳性マヒとは出生時や、胎内での何らかの異常により、脳に損傷を受け、手足、体幹の筋肉が正常に機能しない病気の総称で、原因によってアテトーゼタイプ（自分の意思に反して踊るような動きをしてしまう）とか、緊張が強く動きが固くて思うように動作ができない痙性マヒタイプの方がいらっしゃいます。原因や冒された部位によってタイプも症状も違い、それを乗り越えるためのリハビリ（訓練や治療）などもみんな違ってきます。

繰り返し練習すれば乗り越えられると言う方もいます。逆に繰り返すことで同じ力の入れ方や、同じ動きのパターンを作ってしまって、独特な動作を身につけてしまうこともあります。バランスを取るために手を挙げて踊るような歩き方を覚えてしまうこともあります。そうすると、手を上げないと歩けなくなったりします。道を歩くのに、周りの人が道を空けなければならなくなることもあります。転んで怪我をさせたりしてしまうからと避けて通るなど、変な目で見られることもあります。

歩こうとすると、お腹も背中も、胸も足も体全体の筋肉を緊張させてしまうので、それで踊るような自己流の歩き方を作ってしまっているのです。何か取ろうと思って、手を出すのですが、スムースに手を前に伸ばせず、反対に手が上がって、上からその物をめがけて下ろす感じで物をつかむことがよくあります。そのうえつかんだら、離せない、つまり力が抜けないのです。それが卵だったり、ケーキだったりすれば、壊れるか、つぶれるかしてしまうわけです。

食べるときも、手でつかんだものを、口まで持ってくるのも大変です。首がのけぞって、口と手がますます離れて行ってしまうからです。手を使わずに、滑り止めの付いた皿に載せてもらって、口を近づけて食べることだってあります。見栄えは悪いけど、一人で食べるにはこんな方法も考えるしかありません。

　また、焦れば焦るほど緊張が増し、動きがオーバーになり、目的と反対に動き出したりして、時間がかかり、汗だくになることもあります。頑張れと言うと、手の振り幅がもっと強くなります。一生懸命やろうとすると、ますますできなくなります。脳性マヒには、自分の意思通りにならない筋の緊張が大敵なのです。

　この緊張を緩めて、緊張を起こさせないようにして動作が覚えられないか。そうして考えられたのが弛緩訓練です。緊張と弛緩は表と裏の関係です。肘を曲げるとき、内側を緊張させ、外側を緩ませればできます。脳性まひの人は内側も外側にも力を入れてしまうので、手の行き所がなく、曲がるどころか突っ張って、上へ上へと上がってガチガチになってしまいます。右手と左手は握ることもままならずバンザイするか、右と左が反対の方向を向いてしまい、両手で物を持つことも難しくなります。体は総じて曲がる方向に緊張が入りやすい。お腹を曲げる、腰を曲げるなどの動きが緊張に繋がって、複式呼吸をするようにお腹を広げる、体をゆったり伸ばすことが難しくなります。胸を狭めているので、呼吸が浅く、吐く息もほんの少しですから、その少ない息で話そうとするので、早口になったり、詰まって出てこなかったりしてしまいます。首にも緊張が入り、首を前後左右に振りながら話すことになります。噛む、飲み込むなども苦手ですから、唇や舌の使い方もままなりません。踊るように動くか、固く締めつけてしまうか極端なのです。それで発音も不明瞭になり、聞き取りにくくなります。大声になったり手足にアクションがついたり唾を飛ばしたり、さんざんなのです。便もおしっこも出そうとすればするほど力んでしまい、思わぬときに漏らしたり、便秘になったりします。

筋の緊張はこんな風に動作をしにくくしていくのです。それは痛み（筋肉痛）にも繋がります。その代表的なのが頸椎症と腰痛症です。不随意運動で頸椎や腰椎に負担がかかり、頸椎や腰椎の軟骨をすり減らし、変形させてしまいます。首回りが痛くなり、しびれが出、時には頭痛や目まいなどを起こし、長い苦痛との闘いが始まるのです。この変形と痛さが二次障害なわけです。

どうして痛くなるのか、痛みはどうすればなくなるのか、自分だけでは解決できない。宿命なのかと考えてしまいます。しかし、リハビリや医療面から、また教育面から、最善の方法が編み出されていたら、快適に毎日を送れたかもしれない。その上、周りの偏見や差別によっても作り出されていることを集まった人たちで真剣に話し合われていました。

それは知的障害や自閉症、学習障害の方の二次障害についても同様です。体は自由に動きますから、他からは一見障害がないように見えます。しかし、受け止め方、独特なとらえ方などの障害ですから、日常的にも、突飛な行動や、突然叫び出すなどして、周りの人を驚かせてしまいます。これらの行動から変な子といった誤解やいじめを受けやすい子どもにされてしまいます。特異な行動から周囲の理解が得られず、叱責、いじめ、ネグレクト（放置）などを受けてしまい、生来の障害とは別に、心の問題も抱え込んでしまうことになります。

本人が理解できず、迷ったり戸惑ったりしていても、周りの人は「わざとしている」「やればできるのにやらない」「何度言っても言うことを聞かない」とみるのです。すると、いつも怒られ、責められる対象になります。叱責される恐怖から、「できない自分が悪い、自分は駄目だ」と自信をなくし、

「もっとよくして行こう、取り返していこう」といった意欲を失くしてしまうことになります。

言葉の理解が不十分だったり、不確かだったりすると（例えば学習障害など）話が噛み合わなくなったり、そんなつもりで返事したのではないのに、言葉が足らず相手を怒らせてしまったりなどの誤解を生みます。その結果、みんなから疎まれたり、はじき出されたり、いじめを受けたりします。逆に受け入れられないと思いこんで、蹴ったり、噛みついたり、物を壊したりなどの反発が生まれることもあります。その相互の受け取り方の違いから、深い溝が生まれ、孤立していくこともあります。適応障害などと言われることがありますが、周囲の誤った認識が作り出した心理的負担を端的な行動（パニック）で示した暴力的行動も二次障害と言えるものではないかと思います。

子どもは障害を持っているとは、自分では気付いていません。周りのほうが障害（行動や性格）を理解し、子どもが喜んで参加できるようなお膳立てを組んで、一緒に楽しみ、学ぶと言う配慮があれば問題は起きません。そのとき、自分は何をしたいのか、自分の気持ちを相手に伝えられるようになることが大切になります。

食べるのは自分です。どんなに強制しても、嫌なら口を開けません。食べたいと思えば、何のトラブルもなく、自然に食べられるのです。「外ではトイレを使わないんです」とか「白いご飯は食べないんです」という当り前のことを当り前にできないというこだわりをよく聞きます。そこまで子どもをかたくなにしたのは周りの配慮や支えが、本人の心に添うことができなかったからです。「障害があっても切羽詰まったら自分でトイレぐらいは行くだろう」とか、「腹がへったら自分で食べるだろう」などと言って子どもたちを追い込むことがあります。しかし、子どもの中には二キロもある自宅まで走って帰り、トイレに入ったという例もあり、そんな悩みを持った子どもを変えることはできません。おしっこはできるのです。それを周りがさせてくれなかったと言ってもいいのです。

二次障害においては、本人のかたくなさだけが目立ちますが、それは周りと本人の交接の中で、歪んで作られた障害とも言えます。自分で表現できない分、内に秘めてかたくなになり、受けいれられなくなったり、ときには爆発してしまう。受け入れてもらえなかったことへの自分のできる抵抗・主張であり、二次障害とも言えるものです。子どもの心を読み、寄り添って行くことがどんなに大切か、改めて思い知らされた一日でした

（二〇一一・九・二〇掲載）

10　私たちに、チャンスを下さい

障害があったら、駄目なんですか？　社会のお荷物のように言われ、銭食い虫とあだなされたら、何か生きていてはいけないような思いにさせられてしまいます。

障害者年金や生活保護の手当てをもらっている者は、パチンコをしても駄目、お酒を飲んでも、気晴らしに遊んでも通報される（働かないんだから我慢しろ、それが当たり前、人の道とはそういうものと言われる）。世の中みんながスパイもどきチェックを公にし、生活を監視されるなんて、異常ではないですか。

働く気があるのか？　働くためにどんな努力をしているのか？　お金をもらうなら答えなさいと尋問まがいの役所の窓口での責めがあることも知られている。しかし、こんな責めは虐待じゃないですか？　いじめの典型じゃないですか？　公にこんなことが市の条例になるなんてありですか？

いじめが原因で自殺に追いこまれてしまう小学生・中学生もいる。幼いが故にいじめを正面から受け止めざるを得ず、逃げ道もなく悩み続け、自分はいないほうがいいのだと自分を責め、誰かに話すこともなく、泥沼に落ち込むような悪夢の日々を続け、悶々として死を選んだという話を聞く。話そうと思っても、自分の弱さを責められそうで言葉にできなかったのだ。「もっと頑張れ」と言われるものの、頑張れない自分を分かってもらえないと、さらに内へ内へとマイナスに考え、抜け出せなくなってしまう。周りがみんな批判者に見え、逆に説教されそうで、近寄りがたくなる。親も「どうして?」「しっかりしなさい!」とせきたてる。本人の気力がなく、食欲もないことは分かっているのに、期待だけはやはり大きく、かばいながらも努力を促すことが多くなる。

例えば、ある親の視点からいじめ問題で悩んでいるわが子はどう見えるだろうか?「生まれて一歳前には歩き出し、三歳頃には本を喜んで見るようになり、かけっこもそこそこ。友達とも仲良くし、やればできることを実感してきただけに崩れてしまう姿など見せてほしくないと願うのも当然ともいえる。でもだからこそ相談できる相手を失い、親にも心を閉ざし、ドアを閉めて接触を避け、自分の部屋に閉じこもり悶々とした日々が続いて行ったひきこもりの子どももいる。

障害者の場合、マヒがあり、体の自由が思うにまかせず、つかんでは落とし、食べようとしてもあたり一面食べ散らかしてしまう。やけになってこぼしているわけではない。こぼさないように気をつければつけるほど逆に腕や首、さらに口周りに緊張が走り、努力すればするほどこぼれてしまう。薬も欠かせない、薬を口に含めない、吸い飲みの助けが要る。日々を生きることが障害でままならない。そんな苦闘は親にはできるだけ見せないようにしているが、母の悲しい顔や、涙に何とか応えたいと考えるものの体が思うようにいかない。緊張で体がひねられたり、伸ばせなくなり、痛い感じになる。何とか緊張を緩める訓練をするが、もしも何をしても「駄目な子」とか「役立たず」と言われたら、もっと緊張が増し、自らの呼吸だって止めるかもしれない。生きるための最善の努力をさせてくれる条件作りがあれば、みんなと一緒に社会参加していき、ほんの少しでも楽しい日々が送れるはずである。この苦しみを分かってほしい。

親は子どもの防波堤のように周りの冷たさを受け止めては、子どもに聞かせまいと努力しているものの、社会の目の冷たさは身に滲みているはず。親亡き後、まったく社会から引き離されていく姿を考えたくもないと苦慮することもしばしばとも聞く。

先日政府はこれからは社会保障の基本理念として、みんなが自立して生活できるように自助努力はもちろん、家族、親戚などの相互の助け合い（共助）をベースに制度作りをしていくと言う。そしてそれでもできないときは保護せざるを得ないので、公助の制度（福祉行政）を作りましょうと言う。一人の子どもの周りのみんなに責任を負わせ、それでもどうしようもないときだけは最後に慈悲としての福祉施策をおこなうという話がでています。「もうお荷物はいらない。福祉は権利ではなく、恩恵だ」とされ、さらに気持ちを滅入らせ、早く最終を迎えさせようとしている風にしか思えない。

誰もがどう生きるか、なぜ生きるかと自問しながら、懸命の努力をして生きている。それは障害者だって当然、同じです。にもかかわらず、それを自助共助の不足としか捉えられず、公的な生活保障は二の次と押しやられていく。弱い者は弱くて当たり前、肩を並べることなど所詮無理と最初からはじき出されてしまっている。

四肢不自由でも眼球の動きでアイコンタクトを取り、一時間かけて一節の文にする障害者もいます。膨大な時間と機器とスタッフを要するも、その条件整備をしてくれるなどしたら、コミュニケーションを通じて社会参加できるのです。一人ひとりみんな成長を望んでいる。その願いに見合う機会と資金を用意してこそ、教育・福祉の充実と言えるのではないか。

Oさんは生後間もなく高熱がもとで脳性マヒになり話もできず、もちろん歩くこともできないが、ただ一つ動かせる足の拇指《ぼし》を使って文字盤をなぞって気持ちを伝え、手紙や日記を書いた。また、タイプライターの「◎」と「の」の記号を組み合わせて、拇指で絵を描くことを覚え、七色のカーボンを使って、花や動物、そして風景を描き上げた。一作七時間、大作は四〇〇時間もかけて制作した。タイプアートを始めて三〇年、二三四点を描き上げ、市民栄誉賞や数々の賞を受賞するまでの画家になった。彼女にとって足の拇指こそが発信機なのだ。それを見つけ応援してきた多くの人々の力があってできたことは素晴らしい。

寝たきりで天井を見つめているだけだった重度の障害の子どもが、右手人差し指がかすかに動かせるのを利用して、パソコンの音に繋げ、「イエス」「ノー」を伝え、文字盤で文字を選び、文章を綴るまでになった例もある。できないのではない。引き出し、活用できるように条件を整えて行けばできるのである。

こんな途方もない努力をしている子に、何もできない、銭食い虫だなんて言う人は、どんな神経をしているのだろうか？　人を人として見ていない、心のかけらもないと言ってもいいのではとすら思う。

「虹の会」でも店に出す商品にせっせと値付けしている青年がいる。根気よく針先に値札を刺して品物に通して、もう終わりにしようと声をかけるまでやる。また、別の子は懸命に重い荷物を運ぶ。重いからと言って放り出したりはしない。初めは何回か失敗もするが、よい働き手になっている。みんなに応援されれば体が動き出す。ダメな子はいない。周りがダメな子にしてしまっているように思えてならない。

時にはカラオケで歌う。音楽はみんな好きで、リズムに合わせてノリノリになる。車椅子の上だって、手を上げ楽器も鳴らせる。楽器は弾けないけどもその雰囲気の中に一緒にいることで、仲間になり、楽しさを作っていく。仕事も楽しみも生活の中にあって、生きている実感を持ちあうことができる。みんなと連帯することなしに、生活も社会も作ってはいけないはずである。弱い者を蹴落とすことは簡単かもしれない。しかし、蹴落として勝ち顔をしている人は、障害のある人の苦しみや悩みを理解しない人である。貧困ビジネスなどその最たるものと言わなければならない。

チャンスと、なにごとでもできるようになるまでの条件作りを是非お願いしたい。

（二〇一三・五・二〇掲載）

11　信じて、ぼくの言葉——重い障害の少年が伝えたかったこと

重い障害があって、「はい」「いいえ」も言えないために、赤ちゃん程度の発達段階と障害者が見なされているケースがしばしばあります。しかし、コミュニケーションが困難な障害を持つ子も、実は

たくさんの言葉を持っています。また、一方で私たちが彼に話しかける多くの言葉を受け止めて生活しています。

ここに紹介するのは『輝　いのちの言葉』という本を書き綴り、その後亡くなったH君の話です。H君は身障者用の文字入力ソフトを改良し、スイッチを手のひらに載せて、五十音を読み上げる声を聞きながら、選びたい文字のところでスイッチを押します。そのわずかな反応を拾って、サポート役の人が文字に入力するというやり方で何度か練習をしてみたときのことです。

食べたいアイスを尋ねると「ば」のところで手のひらがかすかに動き、「ばにら」の意味を伝えることができました。

このH君は一歳のとき、マンションの五階から転落。生死の境は脱したものの、筋肉一つ自由に動かせなくなりました。その後は発作があったり、痰がからんだりの生活になってしまったといいます。港区にある私立の肢体不自由養護学校に入学しましたが、脱臼、劇症肝炎、気胸、肺炎などで入院を重ねたとも言います。そんなH君が文字のスイッチに出会ったのは、中学一年のときだったと言います。

初めはスイッチに触れて動き出すのに、何十分もかかり、根気のいる時間が流れたと言います。お母さんも息子の目が、周りの人の話を聞いて、時に輝くような気配を感じさせる瞬間もあり、言葉が分かっているに違いないと思っていたので、このスイッチに期待をかけて、普段できるだけ目を見て話し掛けるようにしてきたと言います。

そして中学一年の三月、スイッチを持たせた手が小さく動いたのを機に、一時間余りかかって文を綴ったのを書き取ったそうです。

「せかいから　せんそうが　ずっと　とだえて　てきみかたきめずに　くらして　いけたらいいのに」と一文字一文字押し続けたそうです。

思い描いていることがとてつもなく大きな話だったので、先生も母親も「こんな世界を持っていたとは」と驚きと喜びでいっぱいだったといいます。

彼はまた多くの言葉を遺しています。

「よもすえという　かんがえは　まちがっていて　かのうせいにかけるべきです　にんげんのことを　あきらめては　いけないとおもいます　よきひ　よきときに　めぐりあうことを　しんじよう」（中二の四月）

「せっかくのことばが　ことばとして　こうのうがきのように　うけとめられてしまい　ざんねんです（中略）すばらしいのは　つらくとも　ことばがあることです　ことばこそ　ぼくたちにとって　ひつようなものなのです」（中三の十月）

中学三年の一月、忍び寄る死の気配をこう伝えていたそうです。

「しは　ししのように　おそいかかってくるかもしれないが　ちいさいぼくは　ひとり　くとうをつづけていくつもりです」

そして二月。

「きぼうを　そらにえがきながら　このきれいなとびらを　あけて　いいみらいにむかって　うみをみつめながら　くるしみは　きのうのものとして　あかるいゆめをみながら　あるいていこう」

これが絶筆にだったそうです（十六歳）。

朝、お母さんが目覚めてみると、傍《かたわ》らでH君が息絶えていた。「事故の後遺症による心停止」の診断。H君は生前、文章を出版したいと言っていたことから、お母さんが「輝　いのちの言葉」として作ったのがこの本です。

お母さんは、「息子が幸せだったのは、文章を残せたことより、重い障害があっても一人の人間として向き合ってくださった方々がいたこと、どうぞ、同じような子どもたちの目の輝く時間を見逃さないで、世に知らせてください」と結んでおられます。

以上、私がかかわった子どもではないのですが、子どもの可能性を引き出し、世に送り込んでくれた話に共感して紹介しました。

「虹の会」で、黙々と働いている青年たちは、多くを語りません。また、派手なアクションもしません。しかし、自分の味方、自分を分かってくれる人をいつも探しています。一緒に生活してくれる人、一緒にそばにいて、自分の気持ちに寄り添ってくれる人を探しています。

出会うと、目が輝きます。自分のできないことを手を取って求めてきます。甘えている風にも見えますが、自分として最高のお礼、表現なのです。目はその声を代弁するかのようにいつも覗き込むようにして、互いの心の奥底で繋がり合おうとしています。

激励されることもあります。一緒に走ってくれれば、やる気いっぱいに走ります。みんなが応援してくれます。その繋がりが支えです。働く喜びに繋がり、給料という代償に繋がります。H君のように言葉に綴る機会も決してないとは言えません。そのチャンスが来ないだけなのです。

一人ひとりの働く姿は素晴らしいです。自分に語りかけられる言葉を笑顔で受け止め、毎日をこつこつ生活し続けている姿がそこにあります。そのありのままの生活、働く姿を広く多くの人々に伝えられるようにしたいものです。

（二〇一四・一一・二〇掲載）

12　ありんこも生きている——みんなで、生きることを守り育てたい

小さい子が地面に座り込むようにして、ありんこの行列を見ていた。私がそばに行っても何も言わない。仕方なく二人でじっと蟻の行列を見つめていた。何か、土の塊のようなものを持って運んでいる。卵に似た少し白いものを持っている蟻もいた。

子どもが何か言うまで、私からは何も声を掛けなかった。子どもは何を考えながらこの行列を見ていたのだろうかと思いめぐらしてみた。何かを運んでいる姿、一列に繋がって急ぐ動き、一生懸命歩いている、物を運んで働いている姿に自分を合わせて応援しているかのような雰囲気だった。まだ、一・二歳か？　言葉にできないのか、その姿に魅せられたと言うか、感じて見ていたように思った。ときどき私を見て、親しげな視線を送ってくれた。一緒だったことが気を許したのかもしれない。

その場を去ったのは、「ありさん、お家へ帰って行くのかな」と声をかけたときだった。この子も、

ママのいる家へ帰る現実に引き戻されたように、呼びに来たママの所へ、バイバイと、それらしく手を振って帰って行った。

こんな思い出は誰にでもあるだろう。今でも庭先に出て、目の前を通るありを踏みそうになって、あわてて足を挙げて、踏まないようにして、蟻の行列を跨いだ経験もあるだろう。「ごめん」。ありさんに分かるわけもないのに謝ったりして。

科学の進歩によって、すべての生物に固有の遺伝子（DNA）があり、ずっと受け継がれてきたことが分かった。花にも、蝶にも、そして蟻にも、もちろん人間にも受け継がれてきた。そしてありのままの今の自分（花なら花そのもの）があることも分かった。そのDNAも環境との作用（交配・学習）を通して形態や体力や、免疫力を高めて、その役割を果たすようになってきていることも分かってきた。

しかし、中には遺伝子の組み合わせや結合で異常が起こる（予測困難な）と、学習や発育の途上で障害となり、さまざまな病気や学習不全が起こってくることも明らかになってきた。肢体不自由、知的障害・病弱・盲ろうなどは何らかの器質的そして機能的な欠陥または異常の現れとして出てきたことも分かってきた。

その中で、染色体の異常によって起こるダウン症のことが取り上げられ、母親の血液検査による出生前診断で、高い確率で判別できるようになった。二〇一三年から三七の医療機関で実施されるようになり、異常を確定された方の九割以上の中絶が報告されている。

遺伝子の解明も科学の進歩の結果であることは事実だが、現在ダウン症と共に生きている人が生きづらくなったり、要らない人間だなどと言われたりしたら、もっとつらいと思う。自らの可能性への挑戦、さらに共生社会実現の可能性への挑戦の先頭に立っていられる方々、その努力（支援）こそが尊いことを忘れてはならない。

障害を持ったことは、社会的に不自由であっても、決して不幸であるとは思わない。バリアフリーという考え方もあるし、その理念を実現するための技術、例えばタブレット端末・iPad（アイパット）の活用、もちろんインターネットの活用も目覚ましい躍進を続けている。さまざまな医療機器・補助器具・通信機器。そして改善のための療育・訓練等の支援で学ぶ喜び・できる喜び・参加する喜び。こうしてさまざまに共同して進められる支えで、不自由を自分の利にしていく方法がいっぱいあるからである。

このように周りの一般的な条件は整っていくのだが、もう一つ、肝心なことがある。

子どもとどう心を通わすか？　子どもにどう寄り添うか？　互いの心を投影し合うために、共にいる人が、どう関わっていけばいいのかという問題です。

特別支援学校などでは教科書を使わず、生活訓練や体力づくりが中心になることが往々にしてある。そんな中で擬音を繰りかえしたり、おもちゃを壊れるまで使い続けていた子のことをどう見るか、その心をどう読むかがカギになる。思いを伝え、心を開くための核になる言葉を学びたいサインではないのかと考えてみることが必要だろう。そんなことより生きることが先、人の手を煩わさずに自立することが先と教本は言うが、この子の願いは何だろうかと本人に添う中で見つけ受け止めて、探り出すことが大切なのではないかと思う。

できる・できないで評価されない教育が必要だ。できなくていい、今の思いを見つけ出していくことを先にしてみてはどうかと模索してみるべきであろう。作業所での虐待が新聞をにぎわしている。「やる気がないから！」と小突いたとか、怒鳴ったとか報道されている。子どもが何をやろうとしていたのか、そばで一緒にいながらその思いを見つけずに、上から目線でいることが、教育に携わる者として恥ずかしくないのかと思う。

そばにいて、子どもたちは自分にどれだけ近づいて来てくれるかと教師は自分に問うべきだろう、それが駄目なら（子どもの心を開かせられないのなら）別の方法を用いて、何べんでもやってみたらどうだろう。子どもたちの自発性を引き出さなければ指導にならないのだからと自問するしかない。

「早くしなさい！」「考えなさい！」などの言葉では、「どうする？」「どう動く？」など見当のつかない子にとっては、責めとなってしまう。プレッシャーのあまり口をつぐみ、心を開こうとしないだろう。戸惑いの表情や迷う視線、体の置き場のないといった仕種などで自分の迷い感を雄弁なまでに伝えているはずだ。それが子どもの意志、気持ちであることを見通していかなければならない。どこにも逃げ場がなくなると、思わぬ方向に展開してしまうことがある。そばにいる人の腕や肩を噛むと言う行動に出てしまい事件になってしまう。その雰囲気から脱するには、この非常手段しかないと、間髪を入れず噛む行動をとってしまう子どももいる。その責めはそばにいる者（自分）が負うべきだということを忘れてはならない。

最近こうした条件作りや思いやりを「合理的配慮」と言うが、それも型通りのマニュアルは存在しない。一人ひとり神経の細さも、空気感も違う。それでも子どもが一生懸命何かを求めて、動いていることは間違いない。その姿を信じ、動き出すようにサポートしていかなくてはならない。動き出すのを信じて、寄り添い待つしかない。

やさし過ぎてもいけない。きびし過ぎてもいけない。子どもの神経は針のように細い。そばにいることで、気持ち（言葉）が通うまで待つ。きっと動き出すと信じて関わるしかない。

指示も禁止も、そして命令も自発的に動き出す意欲を削ぎ、かえって子どもをかたくなにしてしまう。場合によっては、差別にさえ繋がっていくことすらあり得る。

差別は裁かれなければならない。差別は子どもたちの人格と尊厳の否定に繋がるからだ。今はまだ十分には障害者の権利が守られていないと言わざるを得ない。

ありんこも生きている。そう思って見つめていた目を大切に育てていかなければならない。生きていることで、みんなが繋がって行けるように、喜びや楽しみに広がるように。迷える子どもたちの力になりたいとずっと思っている。

（二〇一五・六・二〇掲載）

13　社会からはじき出された子どもたち——不登校の子ども

文科省が二〇一五年八月に発表したデータは、二〇一四年度不登校の小中児童生徒が、一二万人を超えたと伝えている。人口減少が続く中で、不登校の子どもが逆に年々増加しているのは何故か考えさせられる。

大人に見せない悩みや不安を抱えながら、通学している子どもも多い。「友だちに仲良くしてもらえるかな？」「勉強について行けるかな？」という期待や不安を持ちながら、登校してくる子もいれば、「毎日同じ服を着てるとか言われないかな？」「うざいって言われたらどうしよう」と切羽詰まる思いまでして通っている生徒もいる。

子ども同士の視線に敏感に反応し、自分の一番気にしていることでからかわれたり、言われたくないことを話題にされ、兄弟のことをバカにされることにおどおどする子もいる。その背景には、家の貧しさや不器用な話し方について悩んでいるケースや、動作のくせを目ざとく見つけられたり、真似されたりしているうちに、自分の悪口がみんなに広がって行くのではないかと戸惑う子も出てくる。これが繰り返されて、陰湿ないじめが少しずつ広がって行く、それを肌で感じて、身の置き所をなくす子がいる。

これらはほとんど先生（大人）のいない水面下の所で続けられ、子どもは先生を含む大人や親に話せず、ひとりで悩んでいることも多い。話しても「そんなこと誰もしないだろう」と一笑に付されたり、「お前がしっかりしないからいけないんだ」といじめの責任を逆に本人に返されたりして、動きが取れなくなっている生徒も多い。

強がればもっときつく仕返しをされる。道徳の時間にいじめなどが話題になると、「みんな仲良くしよう」「困っている子を助けよう」とみんないい子の発言をする。もし、ここで先生が「よく分かったね」と通り一遍の言葉で終えてしまえば、心を閉じていた子の出番はなくなる。後でいじめ問題が発覚しても、「もっと早く言わなきゃダメじゃないかと逆責めにあってしまう。

その結果、困ったことはみんなの前では決して言わない雰囲気が生まれて、困った本人も我慢と悔しさを自分の中に閉じ込めて、その集団のなかを何とか泳ぎ渡る術を身に付けようとする。しかし、心も体も硬直した状態になり、悲鳴を上げるときが来る。頭が痛いと保健室に逃げる。これが知れ渡って、より負担が増す。それが高じておなかが痛くなり、下痢する、発熱、嘔吐と体調異常が繰り返される。

不登校は「頭が痛いと言うので、今日は休ませます」という母の学校への連絡で始まる。母も、このくらいで休ませていいのか迷いながらもその場を繕ってしまう。しかし、やがて医者の精神的不安を原因視する診断から、子どもの異変に気付き出すことが多い。子どもにとっては、ここに至るまでにすでに長い葛藤があり、それでも無理に登校の努力をさせていくと、抑えきれず物にあたり、「ほっておいてくれ」という叫び声をあげ始める。「急にどうしたんだ?」と聞かれるのが怖くて、人に会いたくない、話したくないという気持ちが強くなる。話したところで「頑張れ」とか「お前も努力しないとダメだ」とプレッシャーがかかる。それさえ聞きたくないから、自室に閉じこもってしまう。それでも、真因を解明しようともせず、「アイツは人嫌いだ」とか、「協調性や自律などの不得手な子」にされてしまう。

学習障害などがあり、理解や処理がうまくいかない場合、他の子にはそのぎこちなさが分からない。そのため他の子どもから、囃し立てるにはもってこいの材料になり、ターゲットにされてしまう。知的障害や自閉症、アスペルガー症候群の子どもたちが対象にされることもある。心理的な要因や周りの関わり方、社会的な要因で登校できない状態に追い込まれてしまう。そこに不登校という結末が待っている。

本人自身が一番困っているはず。

先生も含め、児童相談所などの専門的なアドバイザーも相談に乗ってくれる。しかし、本人から聞くことは断片的で要領を得ないことが多く、相談の対象が母親中心になりやすい。そのため、育児のことや、荒れたときの様子を聞いたり、対処療法的な話になったりすることが多い。子どものかたくなな心の声にまで行きつくことはほとんどない。子どもに向かっては、子どもが困り感や憔悴を訴えても、頑張れ的な説教になってしまう。子どもとの話は、付け足し程度になってしまう。子どもにしてみれば、「この先生の心の中にはどこにも自分の居場所はない」ということが確かめられただけで、心は閉ざしたままの関係に終わる。これで指導できるわけがない。まして努力しなさい、やる気がないと、的はずれな説教だけではまったくついて行けない。相談には、むしろ母親なしで、子どもの困り感に体当たりして、寄り添うところに指導のカギがあると言える。「自己努力」を課せられて生まれたのが、この不登校という結果なのである。

文科省児童生徒の問題行動調査（二〇一四年）によると不登校になったきっかけは、不安、情緒的混乱が二九・八八％、無気力が二五・九％。しかし虐待・ネグレクトに近い親からの無関心・家庭と学校双方に居場所がないことによる意欲の喪失・学力の低下・非行、そして貧困など厳しい環境の結果であることも多く、心の問題に留まらない――としているが、その先の方策を本人や家庭の努力・生き方に強く求めているあたりに課題は残る。

子どもが困っている、助けてほしいと願っている。苦しく八方塞がりで行き場がなく、障子を破ったり、大声を上げて外へ飛び出したり、今という時間どうするか悩んでいる。飛び出して、何かしてくるわけではない。庭の垣根をつかんで揺すっただけ。ちょっと余裕ができたのか、戻ってきて先生の眼を見て、すかさず先生の手を取って垣根のように揺さぶって落ち着く。人と繋がる瞬間、表情が和む。そのとき以前、成功した遊びや作業に誘うと、人に寄り添う気になるのか、思い出して挑み始めたりする。手を取って跳びはねるなど、二人で向き合って、ぬくもりを知らせ合って、互いに認め合っていることを感じ合えばいい。先生とじっと目を合わせる。まだ自分も不安で先生の動きも受け止められない、なお不安な視線を見せる。だけど先生がいてくれる。そばにいる。それだけで落ち着き、カードの学習や作業を始める。居場所、役割ができ、没入することができる。これが出発点だろうと思う。

不登校の子どものためのフリースクールは、三十年余前から広まっている。二〇一五年の文科省の調査でも全国に四〇七四カ所ある。居場所作りを願うボランティアやNPO法人の人たちの支えで、設立されている。フリースクールは法的な根拠はなく、通っても義務教育を修了したとは見なされない。保護者も就学義務を果たしたことにはならない。

しかし、現実にフリースクールには一二万人通っており、苦しみから、どう抜け出すか？　疎外されている自分を取り戻すためにどうすればよいのかと、葛藤しながら通っている。教育内容（個別指導計画）も運営に関る者の資格もいろいろと議論されるが、現にこれだけ大勢の子どもが通っていることを考えれば、情緒障害学級などのように学校系列になじまないが、居場所があり、学びがある以上、法のほうが近寄ってきてはどうかと思う。このまま法的に放置し続けてしまうと、社会のお荷物扱いにされ、誰からも良い評価をされることなく現行社会の序列からはじき出されてしまう。

現に議員立法で、フリースクールでの学習内容を義務教育として位置付ける法案作りが進められようとしている。個別指導計画を立てて、教育委員会が認める仕組みも検討されているが、居場所作りから始めなければならない所では今はまだ規制化はなじまないし、子どもたちを逆に追い込んでしまいそうで不安が残る。確かに現状肯定では学校制度としては不備も多いが、それを含めて子どもたちの通っている姿をそのまま認めることはできないか。それこそが法が近づくことではないかと思う。障害児教育も整備されて百年余の歴史になる。それは困っている子がいる、その子の願いを満たしていくことが指導―教育であると考え、社会の中に位置付けて来た結果である。フリースクールに通う子にも、一日も早く寄り添う社会の歩みを期待して止まない。

（二〇一五・一〇・二〇掲載）

第二章　たくましく生きる子どもたち

1　自閉症の子どもの格闘

最近、東田直樹氏著『自閉症の僕が跳びはねる理由——会話のできない中学生がつづる内なる心』（現在二二歳、千葉県立君津養護中学部卒、アットマーク国際高校卒）の本を読む機会があり、題名の通り心の中をありのままに綴った記述に触れ、自閉症の人の心の声を知ることができました。その一部を要約し紹介します。

○筆談とはなんですか？

・口で会話する以外のコミュニケーション方法の一つです。みんなは話すことが意思を伝えることだと考えているかもしれません。しかし、話すという神経回路を使わずに文字を書いたり、指談したりすることで、自分の気持ちを表現する方法もあるのです。

僕（東田氏）はとても筆談などできるはずはないと思っていました。その僕が、今はパソコンや文字盤を使って、本当の自分の気持ちを表現できるようになったのです。それはとても信じられないことでした。話せないことは、自分の気持ちを伝えられないことなのです。孤独で夢も希望もなく、ただ与えられた毎日を人形のように過ごすことなのです。

僕が自分の意思で筆談できるようになるまで長い時間が必要でした。鉛筆を持った僕の手をお母さんが上から握って一緒に書き始めた日から、僕は新しいコミュニケーション方法を手に入れたのです。

自分の力で人とコミュニケーションをするためにと、お母さんが文字盤を考えてくれました。文字を書くのとは違い、指すことで言葉を伝えられる文字盤は、話そうとすると消えてしまう僕の言葉を繋ぎとめておくきっかけになってくれました。

一人で文字盤を指せるようになるまで、何度も挫折を繰り返しました。それでも続けて来られたのは、人として生きていくためには、自分の意思を人に伝えることが何よりも大切だと思ったからです。

筆談とは書いて伝えることではなく、自分の本当の言葉を分かってもらうための手段なのです。

○何故、大きな声を出すのですか？

・そのとき見た物や思い出したことに対する反射、僕の呼吸のようなものです。（要約）

○どうして質問された言葉を繰り返すのですか？

・オウム返しをすることで、言われた場面を思い起こそうとしています。でも場面として浮かばないと答えられません。

○跳びはねるのはどうしてですか？

・僕が跳びはねているとき、気持ちは空に向いています。空に吸い込まれてしまいたい思いが、僕の心を揺さぶるのです。何かが起こった瞬間、体を硬直させます。そして縛られた縄をほどくように、ピョンピョン跳ねます。僕は思いっきり羽ばたきたいのです。心のまま動き、自分を確かめているのです。

○どうして電車や時刻表、カレンダーを覚えるのですか？

・楽しいからです。単純明快で心地いいです。誰が見ても同じ。人間関係やあいまいな表現は理解するのが大変です。

○自由時間は楽しいですか？

・自由というのはとても不自由な時間です。好きなことをしてもいいよ、と言われますが、何をしたらよいか探すのが大変です。いつも使っているおもちゃなどがあれば、それで遊びます。それが好きだからではなく、できることだからです。僕たちは本当の自分を分かってもらおうと、あらゆる手段を取ります。分かってもらえないと、自分が抑えられずにパニックになることもあります。どうか僕たちの本当の姿に気付いてください。

僕は自分の思いつくまま跳びはねる。じっとしていない。何か決まった言葉（コマーシャルなど）を繰り返し話す。指をこすったり、目を近づけて見つめたり、手をたたいたり、歩き回ったりします。

しかし、それが僕のあるがままの姿です。

もう一人、筆談療法で、対話できるようになった自閉症の青年がいます。保育園の片隅で、一人だけみんなから離れて、砂遊びしていた子が、そのときの心の内を筆談で次のように書いています。

「せんせいのことすきだよ。ぼくはうまくはなしができなかったので、せんせいにいえなかったことが、ながいあいだありました。ほんとうはだっこしてほしかったです。だってひとりぼっち、さみしかったんだ。でもぼくのこんなきもちに、きがつかなかったでしょ」

気持ちはみんな同じなのに。手を繋いだり、押しくらまんじゅうしたり、ワイワイ声を出し合って遊びたいのに、まったく逆のことをしてしまう。友だちの声がかん高く聞こえたり、触れ合う手に電気が走ったりして、その場から遠ざかる心の動きがそうさせたのか、課題がいっぱい残りました。

この青年も筆談する前に、手を重ねてくれる人（先生や母親）と体を触れ合わせ健康体操をして、互いに違和感のない心身の状態を作っています。手を触れられるだけでも、突然触れれば反射的に〝ビクッ！〟となるのは誰も同じです。それをさするように、言い含めながら体に触れていきます。自然に手をゆっくり上げたり、下ろしたりできるようになります。緊張することもなく、呼吸もゆったり、血液の流れも落ち着いてきます。相手を受け入れられるようになり、心身とも同化していくようになったところで、子どもの手に手をかざすだけで、思った文字を書くようになります。これが筆談療法です。

ここでは手の当て方、触れ方がカギになります。たとえば冬の風に当たって冷たくなった頬を手で包んで温める。擦りむいた傷を撫でてもらって、痛みを和らげてくれるふんわりとした母の手の感じで触れてゆきます。

緊張がほぐれ、周りのことも自然に受け止め、同化できていきます。そこで自分の考えや思いを綴るようになっていきます。周りから「こいつ、何考えているんだ」というように上から目線で、困ったやつと見られていると感じる限り、自分をかたくなにガードしてしまって心を開いてくれません。

この関係を双方で作り合うまで、手当てと話し掛けに時間を十分に取ることが必要です。そして出てきた言葉（心の声）が、筆談なのです。

「ひつだんは　ふしぎでした。かわいいさゆこさん（手を当てている先生）の　かわいいてに、さそわれるように　もじがあらわれました。ぼくのかくしていたきもちが　でてきたのに　ぼくじしんがおどろきました。ながいあいだの　おかあさんへの　おもいでした。

ちいさいときから　ずっとめいわくとおもっていたので　おかあさんにおれいを　いえてうれしかった。ぼくは　それがいえて　ほっとしたことを　いまでもおぼえています。あれから　ずっとぼくは　ひつだんとともに　せいかつしてきました。だから　うれしいことも　つらいことも　のりこえられたとおもいます」

とこの青年は筆述してくれました。

会話や対話ができないことくらい苦しいことはありません。自分の存在がなくなるからです。どんな人間であっても、いてもいなくてもいいはずはありません。みんなと一緒に働きたいし、一杯飲んで楽しみたい気持ちはみんな一緒です。どう自分を伝えるか、毎日毎日苦しみながら、子どもたちの課題は続くのです。

そんな姿にどれだけ寄り添って、子どもに返すことができたか反省しきりです。

（二〇一四・九・二〇掲載）

2 集団就職の子どもたちⅠ

今から、五〇年も前の話です。

宮城県仙台市の奥座敷とも言われた秋保温泉に、その温泉の効能を治療に活かした肢体不自由児の医療施設が昭和三一年に開園された。定員五四名の、整肢拓桃園である。そこで私は施設内学級の担任として昭和三三年から三年間働いた。

当時、昭和二六年〜二七年にかけて大流行した脊髄性小児麻痺（ポリオ）に罹り、手足が不自由になった子どもたちが多く入園していた（一〜二歳に罹患しその後遺症を持った子どもたち）。

ポリオ・ウイルスが脊髄の中に入り、脊髄細胞を冒す病気で、脊髄神経がつかさどる運動神経をまひさせる。軽い場合は一時動きが悪くなるが恢復し、ほぼ正常に戻る子もいる。しかし、高度に神経が冒されるとマヒとして残り、意思通りに動かせなくなる。また、脊髄の冒された場所により、手のマヒになったり、足にマヒが残ったりする。片マヒ（片手・片足）の子、右手、右足の片側マヒの子、両足のマヒ（両下肢まひ）の子、もっと重いときは、両手、両足、時には延髄を冒され呼吸障害をきたすこともある。

拓桃園には、幼児（四歳～）、小、中学生が五十人余入園していた。当時半分以上がポリオ（ポリオ後遺症）で、他に脳性マヒ、先天性股関節脱臼、二分脊椎、関節炎、ペルテス、筋ジストロフィーの子どもたちがいた。

足に力が入らない、足首がふらふらで立てない、何処へ行くにも車椅子か松葉杖に頼るか、這うしかない。絵が描きたくてもクレヨンが持てない。箸が持てないから、うまく食べられない。

ある子どもがこんな詩を書いた。


「こけし」　（足の不自由な子どもの作品、小六・男、ポリオN君）

ああ　歩きたい
そして　みんなと　あそびたい
そして　みんなと　仲よくくらしたい

手の不自由な子どもの作品　（中一・男、ポリオK君）

こけしが　机の上から
手がほしい　手がほしいと
じっと　ぼくを　みつめている

（原著は拓桃園同窓会編集「共に生きる」に掲載されている）

みんなこのままでは嫌だ、手術をしてリハビリをして、歩けるようにしてくださいという思いで入園して来る。足首を固定する手術（金具で足の関節を止める）をしたり、変形した足の関節を治すために人工腱、人工靭帯を入れたり、足関節を動かないようにする装具を作ってもらったり、腰から下の装具をはめて補強してもらって、歩く訓練を続けた。

手や肩の筋力回復の補助具（副子的なもの、または松葉杖、クラッチなど）も使って、泣きながらも訓練に励んでいた。マヒした筋の筋力回復、強化、装具などの補助具の使いこなし、そして日常生活動作の訓練という日課が朝から夜中まで続くのである。

夜中「トイレに行きたい」ということは当然、起こる。歩けない子は尿瓶のあるところまで這っていくのだが、間に合わないこともある。おしっこがもれてしまい、悔しくて泣く泣く拭いたこともある。六歳の小学生でも手伝ってはもらえない。寒いときは手がかじかむ。ナースコールで応援を頼むこともしばしば。とにかく自分で動かなければならない。みんなそうしているからである。

教室での勉強も大変だ。手術後は病室での勉強（ベットサイド授業）教室での授業も、小低（一〜三年）、小高（四〜六年）、中（一〜三年）の子どもたちが共に学ぶ複式である。児童指導員や保母さんも動員して個別に勉強を見てもらったりした。施設も学校も子どもの成長のプログラムに合わせ、職員全員で関わってきた。朝起きて、洗面・着替え・掃除、そして朝ごはん。これも当番で配膳するのだが、学校の教員も早く出勤して一緒にやった。その後カバンをもって教室へ行くのだが、そこではすでにカバン係りがいて運ぶ手伝いをしてくれる。訓練の時間は毎日ある。マッサージ（理学療法士）の技師さん、レントゲンや低周波治療の技師さん、水治訓練の看護婦さんが手伝ってくれる。着替えでは保母さん、移動には教員も参加し、全員が子どもの活動に合わせて動員された。話の好きなボイラー技士さんも劇の練習に顔を出し、花壇の手伝いに園の用務の人も来て教えてくれる。婦長さんも先頭に立って泣く子をあやし、おんぶしてくれた。園長先生もポリオで片足にマヒがありながら、膝を抑え子どもの所に来て、足を止め、励ましてくれた。大きな家族のような雰囲気の施設だった。

畳の居室に十人ずつ、大きい子から小さい子まで縦割りで生活していた。上級生とはいえ、お互い障害の差があって、助け合うしかなかった。小さくても歩ける子はメッセンジャーの役割を果たした。

術後間もない子は病室で痛みに耐えていた。手術の日だけは親が来てくれそばにいてくれるが、夕方には帰ってしまう、麻酔の解けた手術後の体は裂けるように痛い。看護婦さんにしがみついて、泣いてその夜を過ごすこともあった。

誕生会も学習発表会も、みんなで出し物を考えた。時には大がかりな劇をしたこともあった。「アンクル・トムの物語」というアメリカの奴隷解放の話を上演したときは本式にドーランを塗って、本格的にその時代の衣装を着けて演じたりした。音楽会では先生も看護婦さんも保母さんもみんな出演者として舞台に上がった。

ここでは学習の成績をつけてはいたものの、成績よりもどうしたらやる気を起こすか大いに悩んだ。子どもが「やった！」とできた喜びを見つけられるように力を注いだ。失敗しても一緒に拭き掃除をし、失敗が心の傷に残らないように心掛け、できないとか失敗したことで、子どもを責めることはしなかった。

そうして子どもたちは自分の足で立ち、松葉杖や補装具をつけて、自力で動けるようになり退園していった。ここでの互いの絆は深いものであった（それは後で判明する）。

当時は中学を卒業したら、手に職を持つべきだという意識が高く、多くの子が障害者のための職業訓練所に入った。もちろん高校、大学へ進学した子もいたが、農業中心の地域社会では通うのも生活するのもすべてに大変だったし、受け入れてくれる所も少なかった。洋裁、和裁、製靴、時計、印刷植字などのコースに入り、自活の道を探った。当時はまだ障害者に対して〝てんぼ〟（手が利かない、動かせない）〝びっこ〟（足が弱く体を揺らしながら歩くことから）という差別的な言葉が平気で使われていた頃であったから、そう言われたくないなら、仕事をし自分で食べていくしかない時代であった。そして訓練校を卒業して、田舎を飛び出し、東京へ集団就職していったのである。子どもたちはまだ一七歳、住み込みで働ける職場を探してそれぞれ就職した。

（※この子たちと東京で再会し、毎月一回新小岩駅の近くの喫茶店に集まりしはじめた）。

（二〇〇八・一・二〇掲載）

3　集団就職の子どもたちⅡ

東京で就職し、連絡の取れた子どもたちが三々五々集まって、日曜日の午後、喫茶店で夕方まで話し込んだ。気のおけない友だち同士が久しぶりにあい「きよちゃん」「たえちゃん」と呼び合い、手を取り合って再会を喜んだ。中学生の頃、ベットを並べて手術の痛みに耐え、励まし合った仲間である。卒業後数年のブランクはあるものの、拓桃園での生活を再現するかのような会話が続く。「仕事は何してるの？　きつくない？」「住み込みだから勝手は利かないけど、寝るところは与えられているから、なんとかやれる」（でも昔の製糸工場のような匂いもする）。「給料は？」「食費やいろいろ引かれると手取り一万円ぐらいかしら。ほんとうは、倍は欲しいけど、やれる仕事は限られているし、雇ってもらっていると思うとそれ以上は言えない」。「休みは？」「テレビ見てごろ寝。溜まった洗濯。とても外に出て見て歩くなどのゆとりはない。私は習いものに通わせてもらっている（和裁の技術を身につける）から、ほとんど時間はなくなる。将来は店を持ちたい。お弟子さんを取ることが夢。もちろん結婚して、小さいながらも我が家を持ち、夜はステレオを聴きベッドで寝てみたい、夢に終わらないようにしたい」。一見、とりとめのない会話だが、同じ悩みを共有できる友だちとの再会は、皆を元気にさせてくれた。

こうして昭和三九年五月三日、拓桃園同窓会東京支部（東拓会）が立ち上がった。参加者一一名（会員は旧職員―教員、看護婦、保母さんも含めて二〇名）。そして集まったときの話題、近況を知らせるために会報（東拓会報）を出すことにし、その印刷（ガリ版刷り）と郵送を私が受け持った。

会の決まりは、月一回の例会を第三日曜日の午後一時から新小岩駅前の西友ストア七階喫茶「紫苑」で開くことだった。コーヒー代割り勘と、通信費を含む年会費は一〇〇円（当時封書切手一二円）で、会長元締めは一番古参の三好君になってもらった。形式にとらわれず、義務付けもない。集まって話をして、憂さを晴らして、明日の活力になればいい会にしたいという趣旨だった。

喫茶店の厚意もあって、こうして小さな会が小さな街の片隅で生まれた。

会報に載った、いくつかの話を拾ってみる。

（1）A子―東京へ出て来たのはよいが、ひとりぼっちで寂しい。最初の一カ月の苦しかったこと。世の中で一番惨めなのは自分だと思ってみたら、生きる気力もなくなってしまうことが何度もあった。そんなとき、友だちの手紙がとても嬉しかった。夜仕事に疲れて、布団の中に入って読むと、ひとりでに涙が出てきた。一層自分が惨めに思われた。何とかなるなんて考えたのは甘かった。何度田舎に帰ってしまおうかと思ったことか。汽笛が聞こえてくると、無性に帰りたくなった。でも、自分で選んだ道。いまさら帰れないと言い聞かせて、ここまで頑張ってきた。早く一人前になり、社会人となり、これからの人生を楽しく生きて行きたいと思い直している。「われこの道より他に生きる道なし、われひたすらに進み行く」（ポリオ、片マヒ、洋裁、住み込み）

（2）B男―いつまでも家にいては駄目だと思い、一人東京へ出てきた。上野に着いたとき、一目見て、こんなにたくさんの人の中で、果たして職が見つかるのかと戸惑った。東京というところは聞くのと見るのとでは大違いでびっくりした。まだ田舎のほうが良かった。東京のみならず都会というところは、すべて金なのである。空気も悪い。晴天の日などあまりない。職に就いたといっても食べるのがやっと。東京は金のある者だけが住む街かと思った。会社に行っても体が不自由でうまく動けない。したがって仕事もうまくいかない。だから一日も早く東京から逃げ出したい気持ちだった。でも、月日が経つうち、そんな自棄な気持ちもいくらか落ち着いてきて、もう少し辛抱しようという気になってきた。これが今の心境。そんなときの手紙や電話が本当に嬉しい（脳性マヒ、アテトーゼタイプ、全身）。

（3）C夫――不況で職さがしで苦労したけど、やっと友だちのいる靴屋に入りました。住み込みで社長・従業員も皆、家族同様に暮らしているが、いつ仕事にならないと言われるかひやひやしている。ここは流れ作業になっていて、ゆっくりやれず困っている。急げば急ぐほど遅くなったり、失敗したりの連続で、みんなについていけそうもなく、がっかりしています。作業がゆっくりできる所に回してもらい、少しずつ自信をつけていこうと言われ、今も頑張っています（ポリオ、右手右足マヒ）。

ほとんどが住み込みで、寮と仕事場との往復が続いていたようである。仕事のことで判断することができても、障害があることを理由に見習いにされたり、軽作業的な仕事に組み込まれたりして、責任ある部署には入れてもらえなかった人も多かった。毎日ただ流されていくようで、ストレスも溜まった。街に出ても地図が分からず、そのうえ気遅れしてなかなか人にも聞けず、苦労が絶えない。思い切って口を開いても障害者というだけで可哀想と言われたり、反対に「そんなことも分かんないのか？」と蔑まれたりして、自信をなくすことが多かった。そんなときだからこそ「みんなはどう生きているのか？」という問題を同じ釜の飯を食べた友と会って腹を割って話せるのが、糧になったようである。

しかし、たまには「悩みの相談だけでなく、楽しみたいよう！」という若者らしい声も聞かれた。「次回は新宿御苑で花見会をしよう」と計画したことがあった。のどかな春の陽ざしを受けて、きれいな芝生に足を投げ出し持ち寄ったチョコやバナナ、アイスを交換しながら話し合った。浮かれてゲームをやろうとしても、立ったり、走ったりが無理なので、やっぱり座りこんで愚痴話に終始してしまったが、心躍る解放感を楽しんだ。他にも次のような言葉が寄せられた。

• 金は少しずつ貯めておくこと（友だちの所に居候したり、駅のベンチで寝たり、一日食べないで歩いたりしたこともあったという苦境を知り、互いへのアドバイスを伝え合った）。

• 自分が苦しいときは顔を見せたくなくて、つい会わずにいてほんと、ごめん。そんな姿を友だちには見せたくないから。

• くしゃくしゃすると手回し車（車椅子）で散歩する。誰もいない畦道で一人思うことがある。気分が変わればまた働ける。

• 最近、寮（八人雑魚寝）を出たいと思っている。持ち物は行李一つに押し込んである。人並に洋服ダンスや戸棚がある暮らしがしたい。贅沢だろうか？　でもアパートを借りるには権利金や家賃がいる。通勤に雨や風のときもある。車椅子じゃ困る。いろいろ障害があるが、自分の力を試すつもりもある。どうしようか考え中。

• 風呂（銭湯）に行くのは嫌いだった。一斉に見られる。でも一回だけ。二回目からは「どうだ。見てみろ」と仁王立ちしてやる。やせ我慢もあるが、皆の視線はむしろ俺がここに生きていることを証明してくれているようで気にならなくなった。

こうして苦しい、暗い生き様を語りながらも、毎月集まり、支え合ってきたことは大きかったと思う。東拓会報が友好の橋渡しをし、お互いの気持ちを交換していけることを信じ、大切にし続けてきた。次回は結婚、自立、そして夢の実現について紹介したい。

（二〇〇八・一二・二〇掲載）

4　集団就職の子どもたちⅢ

前述のとおり東拓会の月一回の例会は新小岩の喫茶店「紫苑」を会場にして続けられた。会報に掲載する話題を集めるために、「ぐるぐるノート」を三冊作って回し書きし、近況や知らせたい話題を会報に載せ、次の予定を立てて郵送した。出席しなくても、会の様子が分かるようにし、みんなを繋ぐ寄りどころにした。

◎会報から

（一）勤めの様子

A子―和裁。従業員二六名、女子だけ、住み込み。

デパートよりの注文では下縫いが多く、忙しいときは目が回りそう。朝八時から夜七時まで、昼一時間の休みで一〇時間労働だ。でも仕事が覚えられるし、辛くはない（三年目）。

休みに和裁の技術を身につけるため、習いに行っている。自分でお店をもち、お弟子さんを取るのが夢。

B子―紳士服製造。従業員三名、住み込み。朝八時半から夜一〇時まで、店でない仕事場で、家族同様に働いている。自分の時間は持てない。もう少しゆるくても良いのでないかと思うこともある。「学校友だちのみんなからの注文を受けてもいいが一着三万円以上だもの、とても高価だから発注は無理ですよね」

C男―製靴業（靴底型抜き・のり付け・縫い込み）。従業員二五名。僕は会社内の寮に住んでいるけど、通勤者もいる。朝八時三〇分から夕方六時まで、昼休みを抜くと八時間半ぐらいの勤務になる。もう少し短くても良い。残業手当は出る。

D男―写真植字を始めて四年。一応どんなものでも印刷できるようになった。従業員は社長も入れて三名。他に一名養護学校卒業生の見習い。家族的雰囲気の中で楽しく働いている。勤務は八時半から夜七時半。寮があって二人で寝泊まりしている。給料は残業入れて三万五〇〇〇円ぐらい。貯金もぼちぼち。夜は本読みかアルコールを少し嗜む程度。時には社長の相手でマージャンをすることもある。結婚も考えているが相手はまだいない。

（二）職場での悩み

E男―「将来電気屋をやりたい」と言ったら、社長から「やれない。無理だろう。他じゃ使わないよ」と言われた。「アパートを借りたい」と言ったときは、「贅沢だ」とも言われた。「辞めるんなら親父を連れて来い」など、きつい言葉を言われたり、一度は実際に田舎へ帰されたりしたこともあり、さんざんだった。結局、喧嘩別れになってしまった。父は自活できる道を自分で選べと言ってくれ、友だちを頼って今の店に勤めた。先輩が仕事を教えてくれるし、工事や修理で忙しいけど、本当に仕事をしているという実感でいっぱい。日は浅いが満足している。

H男―不満を口にすると「お前なんかいなくても、浅草にはいっぱい人がいるよ」など言われる。でも手に技術をつけるまでは、我慢して働くようにしている。「使ってやっているんだ」という気でいられる限り、通じ合えるものはない。この頃「職場は甘くない。努力がまず第一。次は我慢。そしてどうする?」と自問するが、その結論はまだない。

I男―僕の場合、言語障害のため、人と話がうまくできない。だから「はい」「はい」と言って聞いていることが多い。意見もすぐに出てこないので我慢してしまう。我慢が多くなってストレスも溜まってくる。

J子―初めいろいろ言われましたが、言い返して言う勇気も、仕事の自信もありませんでした。そのうち、そういう人のことがくだらなく思えて、今は気にしないようにしています。

K男―会社が倒産し、また再就職。自分には板金の技術しかないので、何とか頑張っている。でも腰痛があり、ときどき通院して、湿布や牽引をしている。体が資本のこの仕事は、梅雨時が特に辛い。でも人には負けたくない、自分にも負けたくないと思って頑張っている。

（三）それぞれの自己紹介

（A）三月上京、和裁。
（B）日本女子経済短期大学一年。
（C）やっと和裁師の免許を取りました。将来は独立したい。
（D）五人のグループでぬいぐるみのデザインをしています。
（E）ベアリングの会社で、製造、監視、操作をして働いています。
（F）独立第一号、ズボン専門の縫製下請け。
（G）三人の縫製工場で八時〜一八時まで働き、くたくたになって帰る。前は歩けなかったけど、今は杖で頑張っている。
（H）職場結婚しました。共稼ぎで、無一文から出発しています。
（I）もう一回基礎からやりたくて、小平の身障者職業訓練校に入り直している。
（J）配線工、天井裏を這い回って、真っ黒な格好で働いています。女の子がよけて通るのでちょっと格好悪いけど、やりがいがあります。
（K）東京シューズで働いています。理解ある会社でほっとしています。
（L）計量器組立、カメラなど、アポロ宇宙船にも使われているレンズを作っている会社に勤めています。

（二〇〇八・三・二〇掲載）

5　集団就職のこどもたちⅣ

◎昭和三九年二月四日に初めて四名の同窓生が集まって、話し合い、その五月発会式をしてから、五年が過ぎた。会員も三〇名、準会員（職員）七名。会合も四十数回、会報も一二三号と続けて来た。

◎みんなで手作り弁当を持ち寄り、花見をした。秋には東京の深大寺公園も散策した。当時人気のあったボーリングを競ったり、卓球で汗を流したり、バスを借り切って日光ハイキングもした。正月には新年会で、ちょっぴりおとそ気分ではしゃいだりした。

◎集まる度に愚痴も笑い飛ばし、仕事や病気をどう乗り切るか、元気付け合ったり、「ぐるぐるノート」に書き込みながら、人前で意見し合うこともできるようになった。一人じゃない。そんな連帯が生まれていった。

◎会設立の五年の節目に何かしたい。

歩きたい、手を使いたい、そして遊びたい、勉強もしたいと、手術に耐え、今東京のど真ん中で曲がりなりにも自立している。その姿を見てほしい。父とも尊敬してきた園長先生、怖かったけど優しい婦長さん、教えてもらった先生方も呼んで、そして今働いている会社の社長さんも呼んで本音を届け、これからの仕事と世の中の厳しさを教えてほしいという意見が出された。もちろん本部の同窓会との提携の上からも会長に来てもらって、記念の会、総会を開こうということになった。

◎こうして東拓会五周年記念総会が昭和四四年六月一日、神楽坂の教育会館を借りて行われた。

拓桃園からは、園長先生、指導課長さん等三名、会社社長さん、係長さん等三名、本部から、会長一名、東拓会会員二二名、準会員四名、会員の会社の同僚三名都合、三六名が集まった。

集まってみれば、仲間だから心強かったが、一歩外へ出れば車椅子では段差が多すぎ、時には動けないでいると邪魔だと言われた。職場では仕事が遅いと怒鳴られ、いつでも辞めていいよとさげすまれる。バリアフリーも言われるどころか差別的な言葉が飛び交う中で、この連帯を持ち得たことは驚異、冒険ですらあった（当時、会員平均年齢二五歳）。でもこの総会は精いっぱいの主張・自立宣言・反骨ののろしだったように思われた。

総会ではさらに、職場での悩み、将来の生活設計、結婚についても話し合った。

- 手足の不自由はある。いろいろな動作ができなくていらだつときも、悲しいときもある。しかし、泣きごとは言っていられない。できないことはできないこととして割り切る。自分だけでなく周りの人にも割り切ってもらう。しかし、仕事から逃げない。自分のできる仕事は責任をもって受け持つ。体の訓練も怠らない。
- 会社の歯車の一つになって働けるようにやり通す。陰口を言われても気にしない、我慢強さと図々しさが要る。開き直ることも必要だ。
- 今は住み込みで働いている。しかし将来は免許を取り自立したい。そのために訓練校に入り直して、技術を身につけたい。
- 結婚は憧れ。でもこの幸せだけはつかみたい。夢で終わらせないで、きっと実現させる。みんなそう思っている。

◎五周年記念総会はまず自分が動き出し、何かにぶち当たって考え直し、みんなで作り上げていく自信と連帯を持ちあうことができた。この流れはその後、二十年余続く。

◎社長さんの参加によって、職場訪問ができるようになり、友だちの会社を訪ねることができた。会社の人たちと障害に関わるさまざまな問題を考えてもらえるチャンスになった。それと同時にコミュニケーションの壁の一つを乗り越えられたことも大きかった。

その後、独立して仕事を始めた人が次々出る。

- A子—第一号—ズボン専門下請け仕事（紳士洋裁、デパートと契約）
- B子—第二号—五人のグループでぬいぐるみのデザイン研究所開設
- C子—第三号—和裁師範資格を取って独立、店はまだないが、叔母の家で開業
- D男—東京時計研究所の通信教育を受けて、時計店開業
- F男—アートデザイン
- G男—一五人で有限会社電気店開業
- H子—夫と一緒に洋裁店開く
- I男—建売住宅を買い、後は嫁さん欲しいだけとか
- 他、会社で重要なポストで働いている（写植、ベアリング検査技師、板金、事務、電話局技師、保母、

電気関係、縫製、製靴などなど）。

◎結婚は悲願でした。

本当に信じ合える人と一緒に幸せを摑もうと何組も結ばれました。その都度、みんなでお祝いに集まりました。同窓生カップルも二組できました。子どもができたと言っては写真を見せ合い、ときには家族みんなで例会に来てくれたときもありました。託児所のような例会になったこともありました。自分の生い立ちの中で得られなかった幸福を求め、自分の子どもと人生をやり直し、家庭の味を確かにしていたのかもしれません（今この子どもたちは、高校・大学を出て働き、結婚・自分は孫の世話に追われている）。

◎集団就職で二〇歳のとき上京。仕事で自立し家庭を持って堂々と生活しています。かつて苦しかったこと、泣き泣き布団に入っていた頃のことは、もう語り草、今を生き抜いた姿は「逞しい」の一語に尽きます。

◎その後

・M男―妻、長女（高一）、長男（中二）、次男（小六）の五人家族です。「アトリエ英《はやぶさ》」の屋号で婦人服の縫製をやって一三年になります。妻と内職で働く他の三人で高島屋のブランドのスーツを縫っています。

・N男―毎日、平々凡々と暮らしています。朝六時に起き、食後、三輪車で福祉作業所に通勤しています。前は寮に入って製靴の仕事をしていましたが、痺れ、突っ張りがひどくなり、頸腕や腰痛に悩まされ辞めました。転びやすくなったりで不安ですが、元気にやっています。

•O男―小さな下請けだから、一足でも納期に遅れると、すぐ仕事をまわしてもらえなくなるんだよ。それにしばらく鉛筆も持っていないし、書きたいことが山ほどあってもままならない。重たくなった自分の体を動かして、靴を仕上げることで精いっぱいの毎日です。早くみんなに会いたい。

•Q男―四年前の正月休みが終わると、早速馘《くび》になってしまい、以後女房殿の厄介になっている。まあ、リストラと言えぬこともない。零細企業ゆえ、惨めな思いを味わった。暇ができたことは有り難い。病院も買い物も、旅行にも行ける。でも世の中そううまくはいかない。頸椎や腰痛をぶり返し、足が弱くなり、歩くのが不自由になってしまった。収入もないから丁度いい。今は図書館で余暇を楽しんでいる。

悲喜こもごも、それでも便りをやり取りし、今は一年に一回集まって励まし合い旧懐を温めている。

（二〇〇八・四・二〇掲載）

第三章　いじめの構図

1　子どもの防波堤に誰もなってくれなかった——その結果は、いじめによる強迫神経症に

「子どもの行ける学校を探してほしい」と、就学相談に駆け込んできた母と中一男子生徒と話したことがあった。

学校に行くように言うと「行きたくない。怖い。殺される」とわめき、家の中で荒れだした。嘔吐、下痢などが続き、ふらつきだし、だんだん立てなくなり、這うようになってしまった。小六年の一月から三月までいじめを受け続け悪夢のような毎日だったが、三月半ばに強迫神経症と診断され、緊急入院した。しばらくして、精神安定剤の力を借りてやっと眠れるようになった。普通食、車椅子から歩行へとリハビリを進めてやっと歩けるようになってきたので、二泊三日の外泊（帰宅）を試みたが、ソファーにうずくまり「いじめる七人が怖い。いつ来るか分からない。ここにいるなら死にたい」と口走り、自分をいじめる七人の生徒のことを恐れ震えっぱなしだった。一泊で帰院せざるを得なかったという。

何とか精神的に強くなってと願いつつ、八月になって帰宅したが、かたくなに閉じこもった日々を過ごしている。どうしてそこまで追い詰められてしまったのか。それを受け止めてくれる人は誰もいなかったことが残念でならない。いじめを仕掛けた七人、そしていじめを知りつつ学校の体面を守ろうとした学校の責任を問いたい気持ちでいっぱいだ。母親は自分の息子を再びいじめの渦の中に巻き込みたくないので、安心して生活できる場、学習できる場を見つけてほしいと訴え、相談してきた。

母は舞台専門の写真家で、日本全国を飛び回り家を空けることが多かった。母一人子一人だったから、遊んでくれる友だちが頼りで、おもちゃ（ファミコン、ゲーム機など）も、おやつも用意して遊んでもらった。小学校の低学年のときから、この七人が土・日になると家の二階に集まって遊ぶようになった。そこでは、ゲーム機は七人の中だけで回されて、結局、家の子は遊びから抜かされていた。それでも「遊んでもらっている」「遊びに来てくれてる」と思って我慢していた。

七人は学校でも先生に見えないように、子どもの靴を隠したり、持ち物を投げつけたり、図工の作品を壊わしたりしていた。先生に言いつけられないことを知っていて、先生に注意される役回りばかりさせられた。決定的なのは、七人のグループが万引きをしたとき、「この子が盗んだ。ぼくらは見ていただけだ」と言い張られた。先生に通告され、一対一で話をしたが全員が口裏を合わせて責められた。担任の先生も「お前が悪いからいじめられるんだ」と家の子の言い分を聞いてくれなかった。このことがあってから、眠れなくなり、おねしょしたまま、「お母さん」と泣き叫んだり、電話の音にびくつき、顔色を変えるようになった。無理に登校させると腹痛を訴え保健室に行き寝ていることが多くなった。下校時も帰り道のどこかで待ち伏せされるのが怖くて、上履きのまま裏門から出て、走って帰ったりした。校長先生にも直訴したが、「みんなに聞いたらいじめなどしていない。遅いから注意したり、手伝ったりしているだけだと言っている。打ち解けられないなら転校してもらうしかない」と言われた。

五年生になったとき、子どもが「中学校は私立に行きたい」と言いだした。私立に行ける成績ではないので取り合わなかったが、「いじめのない学校に行きたい」と言う。「塾に行って勉強をし直す」と言うので、家庭教師を頼み、塾通いもさせた。成績は少しずつ上がっていき、勉強も面白くなり、夜遅くまで机に向かうようになった。と同時に七人とたむろすることもなくなった。

六年の初めには成績も上位になり、私立の合格の目安も立ったが、これが七人の攻撃の的になり嫌がらせが続いた。下校途中、上履きのまま逃げ帰るのを数人の子が取り囲んでいたのを同級の母親が見て、「何しているの⁉」と言うとさっと散るように逃げて行ったと言う（その日は鉛筆を折られ、筆箱をつぶされて帰って来た）。そして六年の二学期に、朝起きてこなくなり、再び「学校へ行きたくない」と訴えるようになった。待ち伏せされるので塾にも行かず家の中にこもりっきりになり、困って医者に駆け込んだ。栄養失調と言われ、即入院、点滴を受けた。その後、小児神経科に移され、起立性失調症と言われ、心身症（強迫神経症）で入院という結果になってしまったと言う。

今、体力は少しずつ戻り、安定したかのように見えるが、子どもは依然音にびくつき、学校拒否状態が続いている。いじめのない学校で、地域でゆったり勉強やスポーツをさせてあげたい。努力すれば満たされる社会があることを分からせたいと思っていると母は言う。

結果は遠隔地にある都立の病弱養護学校（寄宿舎のある）に転入学し、いじめ加害者の七人のいる地域から離れ、医師の治療の下で、しかも学校の指導を受けることで落ち着いたが、いじめる子どもの無軌道さとエゴイズム丸出しの、世相を浮き彫りにした事例であった。

この事件では教師たちにも大きな問題がある。「いじめがある」とか「校内暴力」「学校崩壊」などがあることは学校の汚点のように言われ、表に出したがらない。いじめがあったことが分かっても、内密にして外部への発覚の芽を摘むようにしていることが多い。この学校では以前に六年生の女子が自殺をしたが、校内のいじめについては箝口令（口止め）が敷かれたと聞いている。

不登校が「怠け」と言われ、保健室登校を「甘ったれ」と言われ、仲良くできないことを「不適応児」といわれ、意見を言えないことを「考えない子」と言われてしまっている。初めは内気なだけだったのに、「自分が悪い、できない」と周りに言われ、自分を責めすぎて、心を閉ざしてしまうことが多々ある。何でも小さい芽の内に摘み取ってしまわないと、取り返しがつかなくなってしまいそうである。「友だちとは何か？」「仲良しって何か？」と根本的に考え直してみるべきであろう。

（二〇〇四・一〇・二〇掲載）

2　事件にならない程度にと申し合わせる

今こんな現実があるのか疑われるかもしれない。しかし、次の事例は現実に起こったことである。しかも中学校の心身障害学級の中で起きたことである。靴を隠しておいて、おろおろしている子を助けるかのように先生の前で靴を探して持ってくる。そして、早く行こうと手を引いてグランドに走っていく。この子に何も言わせない方便を使う（ここでは、そのいじめられっ子を「K」と記す）。

あるとき、授業が始まっても、このKは教室に入ってこなかった。五〜六分過ぎ、二人の子が探しに行くと言って出て行き、二分ほどどして連れ帰った。新しい担任は「チャイムが鳴ったら教室に入るように」とKに注意した。授業参観の日もKは教室にはいなかった。「またか」と先生も探しに行く。Kの父親も、迷惑かけてはいけないと思い、一緒に校内を見て回った。トイレの中に人の気配を感じた父が声を掛ける。「開けなさい」と言っても鍵を開けない。周りにみんな集まってきて「出て来なさい」と強く言われ、やっと出て来た。服が汚れ、急所に靴の跡がくっきり残っていた。頭も汚れていた。とにかく汚れを払い、顔も拭かせて教室に連れ帰った。何があったのか授業後、家に連れ帰って事情を聞いたが、何も言わない。返事もしない。汚れた服を脱がせたとき、体の擦り傷、赤いあざを見つけて、びっくりしてさらに聞き直した。「言うともっといじめられる」と泣きだしてしまった。やっと、モップで顔や服を拭かれたこと、モップの柄でつつかれたこと、トイレに閉じ込められたことを聞きだした。すぐ担任に事情を話し、明日、校長先生に会いたい旨を伝えた。

Kが挙げた二人が担任に呼ばれ、事情を調べられたようだった。しかし二人は、みんなでふざけているだけだ、体育館で膝蹴り、レスリングなどして遊んだだけだ、ぼくらだけでなくクラスの男みんなでやった、遊んでいるだけで、いじめたりはしていないと言い逃れに終始し、反省も謝罪も口にしなかった。事態を重く見た担任が大声で怒鳴り、その剣幕に押されて最後に、トイレに押し込めたことをようやく認めたという。父は「何もできない子にリンチを加えることのないように、学校としての対策を立ててほしい。このままでは子どもの安全が保障できない。また今回の首謀生徒の処分も考えてほしい」と厳重に申し入れをした。しかし、学校からの回答は「不祥事を起こして申しわけない。これからしっかり指導していく」というだけで、具体的な処分・対策は何もなかった。この学校の態度は、まさに事無かれ主義の典型で、問題を解決する姿勢はまったく見られないものであった。

「事件ではないので処分はできない。休憩時間まで担任に管理・指導を強制できない。担任も休まなければならないし、あざは転んでもできる。もしこの生徒にやられたものでないとしたら、大変な冤罪ということになる。レスリングなど生徒同士がやっているので、いじめではなくともあざを作ることもある。ふざけながら子どもたちは成長していくので、一概にいじめと決めつけられない。他の親からは「子どもの喧嘩に親が出る幕はないのでは、と言われている」等、いろいろ言い訳がましく言われ、本筋（子どもの心のケア）を見た答えはなかった。もちろん父も母も納得ができなかった。

Kは三歳のとき腎不全を発症。現在も慢性腎炎の診断。さらに蛋白性血尿が出る難病指定を受けていて、運動制限、食事制限が課せられている。このことで腹部圧迫、殴打は危険性があることをどこまで分かってくれているのか。また、ちょっと無理をすると嘔吐、悪心、下痢など消化器の病気の症状が出る。このような体調のため日頃から顔色もすぐれず、むくみが出、動きも悪くなるストレスも影響し、生命に関わる危険といつも背中合わせであることを学校関係者ならば知っていなければならないし、当然、しかるべき配慮をするべきである。またKは知的障害も自閉的な傾向もある。漢字は書けるが、文章にならない。人と話すことが苦手で、言葉を選びながら話すが対話にならない。意見がうまく言えない。みんなの前で、「よく考えろ」と言われたり、「どうしてできないんだ」と言われると体を固くしてしまう。こんな子どもなので、子どもを責めていくのではなく、つまずいているところを見つけてきめ細かな指導をしてほしい。そう父と母は願っている。

入学当時は中学の制服制帽で登校。上履きに履き替え、教室に入るときも挨拶をし、机の上に授業のノートを出して、きちんと座って先生の来るのを待つ几帳面な子だった。そうした決められた通りにする子だったことが、他の子どもたちの癇に障《さわ》ったのかもしれない。話せない、言えない、告げ口もできないことから、からかいが始まり、いじめになり、リンチに発展していったようだ。それも同じクラスの六人がゲームのように繰り返しいじめたという。他のクラスメートはこのいじめを当然知っていたが、誰も告発しなかったし、また本人も学校を休まなかったから、発見が遅れたとも言えた。

他の生徒もいじめやからかわれて悔しかった経験を持っていただろうに、いじめ防止・告発には繋がらなかった。自分より弱いものに、その仕返しのようなこととする雰囲気があったのだろうか。Kの悔しい、悲しい心を共に悲しみ、励ましていく姿勢が学級の中から生まれなかったのだろうか。やさしくされたことがなく、いつもはじき出され、認められずに来た悔しさが、そのまま友だちに向いて行ったのだろうか。

先生も事件が起きていても、子どものいざこざぐらいにしか見ていない。Kの心の傷を思い、案ずる先生はいなかったのか。中学生なら、一人で立ち直れと、そうでないと世の中に行って潰れてしまうぞとでも言うのか。学校の中で今潰れかかっている子が這い出せるわけがないではないか。

障害を持っているからどうしようもないんだと蔑んだ目で見ていて、障害を持っていて苦しんでいる子の身になって支えてくれる人がほんとにいないことを改めて思った。見てやっているんだといったおごりにさえ感じられるのはほんとに悲しい。

このことは筆者が担当した就学相談の窓口で、父と母と子と三人でどうしたら、子どもがのびのび学習でき、生きていく力をつけて行けるかと涙ながら訴えて来られた事柄である。この後始末は難航を極めた。養護学校への転校も考えたが、このまま問題をうやむやにしたくないという父母の願いから、学校との話し合い、学級での指導のチェック、さらに保護者会への訴え、学校への母の付き添い、本人へのカウンセリングなど、延々と続けられたことを付け加えておく。

このような懸命の取り組みはあったのだが、一番肝心の子ども本人が心を許して登校できたかは、疑問が残る。

（二〇〇四・一一・二〇掲載）

3　いじめの構図（一）——自己中心、競争社会の産物

人は醜い動物なのかも知れない。いじめによる自殺などを聞くと、いじめの構図の残忍ささえ覚える。何事についても、他の人と比べて見たがる。筆者自身も、子どもの頃に背が低い、チビ、デブと言われて嫌だなあと思ったことがあった。頭の毛が抜けたりして薄くなると、何か恥ずかしくなる。子どもの頃、〝はげ。お前の父さんつるっぱげ〟と囃されたりした。病気などで円形脱毛症になったり、毛が抜けたりすることがあると、人の嫌がることをみんなの前で、よってたかって蔑むように言うことが多い。多勢に無勢、一時《いっとき》も早くその場から逃れたかった思い出がある。みんなといっても大人の居るところではしない。ましてその子の家の人の前ではまったく逆。むしろおだてたり、近づいて話しかけて、仲良しを演ずる。でも大人の見えない所でつねったり、きつい視線で威圧することも忘れ

ない。言いつけたら承知しないぞという風に。
そんなとき、「止めろよ」という子はほとんどいない。言えばそのグループから抜けざるを得なくなる。寄ると触るとその子をターゲットにして、いじめ遊びを繰り返すのが普通だった。遊びに近かったのは、囃したり、背後から追い抜きざまに頭に触ったりするけれど、殴る、蹴るといった暴力まで発展することは少なかったからである。いじめている側からすれば、いじめている子が憎いわけではない。遊びの延長にその子を巻き込んでしまったといったほうが分かりやすいのだろう。だからといっても本人にしてみれば、馬鹿にされたことは心外で、惨めな思いや嫌な思いを募らせていったことは事実であった。それでも今から六十年も前、近所にはとりたてて遊ぶところもなかった時代、今のようにゲームや携帯などに逃げ込むこともできず、子どもは外で遊ぶもの、家の中でへなへなしているなんてとんでもないと親も許してはくれなかった。親自身もそんな子ども時代をすごしたから、子ども時代の免罪符のような感覚でいじめや悪さをとらえていたようにも思われる。

いじめも仲間同士の踏み絵のようなもので、少しずつなくなっていったようにも思う。その子の親から一言「仲良くしてね」と言われれば、みんなで止めようと言うことになる。親同士の連帯もあり、もともと自分たちもいつか止めよう、その子に悪いなあといった気持ちをいつも持っていたからである。

昔の田舎の遊びは単純なものだった。地べたで相手のメンコを裏返しにして取り合うとか、ビー玉を打ちつけて取る。粘土でお皿を作り、それを地面にたたきつけて、底を打ち抜く遊びなど技術を競って、体力に任せて遊んだものである。そのような遊びには必ず勝ち負けがある。不器用な子は負けっぱなしになる。しかし、だからこそ互いに教え合って勝つ方法を考えたりもした。競い合って勝ってこそ勝ったことになるのであって、負ける子だけを責めることはしなかった。

今考えると、鷹揚な遊び（いじめ）のような気もしている。互いに成人し、仕事に就き、社会の機構や互いの生活についても考え合うようになると、自分のしてきたことが時には恥ずかしく、後ろめたく、自分で顔を覆いたくなることもある。でも仲間として考え合ったこと、学び合ったことが大きな絆になって返ってくることもある。仕事の中で、幼いときの経験を重ねて人間関係を作り変えていったことが人生の貴重な体験になっていたことを改めて考えると、幼いときの経験が懐かしさとしてよみがえってきたりする。自分がその中で成長してきたと思うからである。

いじめられたことから、自分もいじめてやろうと思うこともある。自分より弱い者を相手に自分も優越感に浸ろうとすることがある。小心者のやり方かもしれない。自分よりおっとりしていたり、時には、明らかに知的、または手足が不自由などの障害がある子を相手にいじめを繰り返すことがある。相手は反発してもこないし、こちらは力では負けないし、逃げ足も速いしと見下してからかい、自分がされてきたことをその子にすることがある。そんなとき、いじめられた者同士がかばいあうことはしない。誰がいじめたのか聞かれても、誰も名乗り出ない。むしろ誰が告げ口をしたかなどが詮索され、その子が次のターゲットにされてしまう。仲良しなんていたのか？　と疑うことだってある。へつらいながらついて来ることだってある。ボスと家来の構図、集団の中の序列だ。パシリもここから生まれたのだろう。こんな雰囲気が渦巻いていたのかもしれない。この序列が子どもの陰の社会とも言える。

「何か食べたい。お金を持って来い」と指令が下位の者に出される。「一回きり」と自分で自分に言い聞かせ、がまんしてお金を工面するが、一度従うような弱みを見せると要求はエスカレートする。一回から二回と回数も増え、額も大きくなっていく。ボスが一人とは限らない。指令がどこから出ているか特定できないが、お金が上納される仕組みになっている。悪さもその序列の中で、みんなの暗黙の了解のうちに続けられていたとも言える。

大人は誰も子どものSOSを見抜いてくれない。困っている子は誰にも相談できず、おどおどしたり体調の異変を起こしていても誰も見向いてくれない。SOSを発信したとしても「根性なし」「意気地なし」「頑張れば何でもできる」と言われる。しかし、心も体も限界にきているのである。そんなとき、家族が気付くことが一番多い。いつもの様子と違うことから、何があったか友だちへと探っていき、子どもの悩みの原因にたどり着くことがある。

友だちが気付くこともある。小さいとき、その子と一緒に遊んだり、貸しっこしたり、家を訪ねたりして、やさしく心を開き合ったことのある子が変化に気づき「どうしたの？」と語りかけて、一緒に考え合うことがある。悲しみを共有できて、初めて人の優しさに触れ、助け合う関係が生まれてくる。

いじめは子どもたちの成長の通過点（はしかのようなもの）かもしれない。いじめは子どもたちの知恵で少しずつ解消されていく。差別でなく、互いに競争し合う仲間に変化していくものでなくてはならない。そこにはいつも優しさ、相手を認め合う心、皆同じという意識が底深く流れていなくてはならない。その流れは、母と子の育ちに遡るように思う。無条件で子どもの願いを受け止め、満たしてきた母の想いと重なる。それが親による虐待という傷を持つような場合、体に染みついた憎悪が浮き出るのかもしれない。そして、もしそれが友だちから我が子におよび、繰り返されることになってしまうとしたら、あまりにも悲しい。

格差社会が言われてきている。努力した者が報われて当然、したがって逆に負け組が生まれる。そして勝ち組が負け組を支えて（施し）行くのがこれからの社会という。しかし、こういう視点に立ってしまうと対等の人格は否定されかねない。慈善が偽善に取って代わる。負け組も障害者もその渦の中にはめ込まれ、主役になることはない。そんなのありかよ？　と思っている。（二〇〇八・五・二〇掲載）

4　いじめの構図（二）――弱い者いじめは、人のすることではない

人の弱みに付け込んで、痛めつけたり、ののしったりすることが多々見られる。自分が言われないために先に言い負かそうとする。喧嘩でも自分に非があるほど、相手を牽制し、まくしたてる。自分の弱みを見せたくないがゆえに、虚勢を張ることもある。自分の弱みは相手の弱みと重なるはずである。その弱みを一緒に乗り越える勇気を互いに持って、意気投合して努力したり、励まし合ったりできれば、どんなにか素晴らしいだろうと思う。

弱い者をいじめて何が得られるだろうか。勝ったとしても本当の満足が得られるだろうか。自己満足にすぎず、その先の展望はない。自分がいじめられないための予防線を張るつもりだろうが、それはねたみや思い込みで、一時の感情にすぎないものである。自分が輝きたいのなら、みんな輝いて暮

らせるように競い合う本当の友情や、思いやりがあるはずである。

　ましてや障害を持っている人をいたぶったり、悪口を言ったりすることは最低と言える。「びっこ」とか「てんぼ」「つんぼ」と昔よく言っていじめることがあった。今は死語となっている言葉なだけに使う人は少なくなっているが、そんな差別が心のどこかに潜んでいないだろうか。「できないくせに」「やれるならやってみろ」。どこかでそんな思いがあって見下したり、困っているのが分かっていても関わらないように、傍観していることはないだろうか。そんな潜在的な差別感を覆い隠しているように思えてならない。

　学校では手足の悪い子を助けるようにとよく言われ、その子の世話係を置いたりすることがある。クラスにダウン症の子どもが入って来たりすると、〇〇ちゃん係りを買って出て、親切に身の回りのお世話をしたりする。体育の時間になると、体育着に着替えさせ、体育館履きに履き替えさせ、体育館まで連れていく。そのこと自身は微笑ましい光景ではあるが、その扱い方が赤ちゃんと同じ扱いで、靴を履かせ、着替えをさせ、脱いだものをたたんで、片づけてやりと、至れり尽くせりなのである。

　何かしてあげる、それを人に認めてもらい、また先生や親に「ありがとう」と言ってもらいたいという気持ちがどこかにあり、褒められたりするとさらにエスカレートしてしまうことがある。ダウン症の子どもも、友だちが手伝ってくれて、かわいがってくれるから、それに甘えてしまったり仲良しのつもりになってルンルンという気分でいることがある。しかし、一つ歯車がかみ合わなくなると、どうなるか。そのために時間が取られて、自分のすることがおろそかになり、何故しなかったのと先生や親に咎められたりすると「だって〇〇ちゃんが何もしないんだもの」となって、その子のせいになってしまう。「あんたが早くしないから、私が怒られるんでしょう」とおせっかいが過ぎて甘えを助長させてしまった結果が跳ね返ってきたとも言える。「早くしなさい！」と命令調になったり、「もう知らない」と放り出されてしまう。その責任は全部障害を持つ「あんた」に向けられる結果になる。親切が仇になるとはこのことで、お世話がお節介になってしまい、障害を乗り越える手助けにはなっていなかったと言える。

「障害者に親切に」「見守ってあげましょう」とよく言われるが、一歩間違うと障害を貶《けな》したり、逆に「してやっているのに」と障害者を非難し、駄目な人間みたいに言ってしまったりして、互いの溝を深くしてしまう。

「今、この子は何を願っているか」ということを障害を持つ子の立場に立ってみてほしいのです。障害のため、うまく自分を言い表せないことがあります。でも自分でしたい気持ちはできないだけに人一倍強く持っているのです。その気持ちを汲んで「何する？」と聞いてほしいのです。そのしたいことを中心にすれば両方が満足する結果になるのです。

中には障害者を生理的に嫌いと言い切る子もいます。脳性マヒで首が揺れて食べ散らかす子がいました。つばの飲み込みも下手で、いつも首にタオルを巻いていました。首を振りながら、上を向いたり、スプーンもはね飛ばしたりして食べるので、こぼすことも多く机の周りが散らかってしまうのです。クラスの一人が「お前は壁のほうを向いて食えよ。お前を見ていると反吐が出るんだ」と暴言を口にしたことがありました。しかし、そのときは今では考えられないひどい暴言だったにも拘らず、当時の障害者の位置はこんなものだった。その発言が通ってしまい、結局この子は教室の後ろでみんなとは反対のほうを向いて食べるのが定番になったといいます。その子も「みんながそう言うなら、自分はそれでいい」と開き直って先生にも言ったといいます。中一から二年の間、毎日そんな状態が続いたのです。その後、担任が代わり、席は一番後ろながら、みんなと同じ方向を向いて食べるようになったそうです（ちなみに後始末は給食後、母親が来てしていた）。

もう一つ、弱い立場にいる障害者を食い物にする事件がありました。電車で一人通学をしている女の子を駅で待ち伏せして、後をつけ、言葉巧みに繁華街へ誘い出し、喫茶店に入り、お茶とお菓子を食べさせられて、その後ホテルに連れ込まれたのです。学校は無断欠席、家に連絡して、家を出たことは分かったが、どうしても足取りがつかめない。休みの日に電車で遊びに出ることはあっても、予定通りきちんと帰る子だったので、何か事件に巻き込まれたか、先生方で捜索隊を組んで動き始めました。結局夜遅くまで手がかりがつかめず、夜一〇時近く家への帰り道でやっと見つかりました。誰か知らないおじさんに連れて行かれて、お店に入ってご飯をごちそうになり、その後モーテルみたいなところに連れていかれ、裸にされたと泣きながら話し出しました。

急ぎ保護者にも来てもらい、医者に連れて行き洗浄などの医学的処理をしてもらいました。そして、警察にも連絡して、身辺を警護してくれるようにしました。本人はおどおどするばかり、事の重大さも分からず仕舞いでしたが、それに付けこむ者を許せない思いでいっぱいでした。（この犯人は結局探し出せませんでした）

弱い者に付けこむ姿勢にいじめの原型があるように思います。子どもたちを守ることは、学校だけではできないように思います。多くの理解ある目がなければなりません。子どもの心の傷は簡単には消すことはできません。真剣に考えていきたいものです。

（二〇〇六・一二・二〇掲載）

5　学力テスト――みんなと比べて何をしようとするの

今年もまた近々、全国一斉に小六年と中三年の児童生徒の学力テストが行われます。教育の機会均等と教育水準向上を掲げ、学力を把握し、分析し、教育の結果を検証して改善を図るために行うとしています。

そして障害のある児童生徒に対しては、参加できる場合は時間の延長や、点字・拡大冊子の使用、別室の設定などの配慮を行うとしています。しかし障害のため参加できない場合は、学校長の判断で、対象外となってしまいます。知的障害のない児童生徒のみとし、他は除外されるとしたら、盲・ろう・肢体不自由・病虚弱の養護学校などでは、ごく一部の児童生徒しか対象になりません。重度・重複障害の子、知的障害の子ははじき出されてしまうことになります。

教育の結果を検証し、改善を図るための施策は、万人のためのものでなければなりません。障害があって発達が遅れているとしたら、その実際の力を調べ、どうしたら発達のレールに乗せ、生き甲斐（学ぶ力）を見出していけるか、そこにこそメスを入れて行くべきだと思います。

子どもは何も言いません。何も言わず、何も書かず、何もしないでいるしかないのです。白紙で出すしかありません。白紙で出すのは、面目を失い恥ずかしい思いをすることです。屈辱です。中にはじっとしていられない子も出てきます。他の子の迷惑になるからと、つまみ出されてしまいます。

子どもはこのテストなど望んでいません。はじき出され、のけ者にされるなんて、もちろん望んでなんかいません。「僕のできることをさせてください」という心の叫びが、走り回ったり、声を上げたりしていることなのです。学力テストから除外されるのは、「読めないし書けない」からで済まされることではないと思います。子ども無視、人権無視とあえて言いたいのです。

昔、知的障害の特殊学級から養護学校に転任してきた先生が、名前や文字を教えることより、服を着ること、こぼさないで食べることの日常の身辺生活動作をしっかり身につけ、人に迷惑をかけない生活ができることのほうが先だと、机に座ることや、絵本を読むことなどを軽視したことがありました。でも子どもたちは隣の子が日記を書いて、毎日先生に見せ、二重丸をもらうのを見て、「僕にも日記をください」と片言の言葉でノートがほしいと言ってきました。この子は自分の名前や、今日の出来事を絵に描きました。クレヨンも使いだしました。家で夕飯が終わると、「宿題をする」と言って机に向かいだしました。ノートの二重丸だけでなく、頭を撫でられ褒められて得意でした。日記も「ごはんをたべました」と書き、茶碗と魚の絵を描きました。「こうえんにいきました」、そして藤の花を線で描きました。どんどん書きたいことが増え、言われたこともしっかり聞き、自分のことだけでなく、友だちの手伝いまでやるように行動が広がって行きました。

自分でやり始める。これがこの子の生活や本を読むなどの学習を広げて行きましたし、何ができるかは、何がしたいかから始まります。「このテストはこの子には難しいのでは?」と憶測するのではなく、子どもが自分でやり始めたことを後押しして、したい気持ちをふくらませてやることが一番だと思います。名前が書け、本が読めるのも立派な学力です。ただ今回の学力テストから、その方策は見つかりません。

その昔、知能テストが流行りました。子どもの知能を測って、子どもの将来の能力をも予想していこうとしたのです。しかし、本当は知的障害の子を調べ、選別するためのものでした。特別な枠を作り、特別な学級へ移し、普通学級の学習の効率を上げようとしたのです。障害児は特別なカリキュラムで子どもに合った指導内容を考え、環境も整えて、養護学校や身障学級で教えて行く方式に変えて行ったのです。体の不自由な脳性マヒの子どもには、学習の中で、訓練を保障し、障害を乗り越えられるように専門的知識技能を駆使して学習を保障しました。また知的障害の子には身辺生活の自立、作業的要素を採り入れて、社会で働ける子どもに育てるように進められてきました。社会に出て働けるまで育てていくことはとても大切ですが、やはり特別扱いなのです。

特別に見てあげなければならない、助けて行かなければならないと周りから見られてしまっています。「可哀想」といつも言われてしまいます。「福祉のおかげで生きていられる」と言われたり、「手厚い教育のおかげで、今がある」みたいに言われたりします。それだって子どもが望んだことではありません。むしろ手を貸してもらえばどこだって行けます。野球はできなくても応援は一緒にできます。勝ったらみんなで喜ぶこともできます。ちょっと工夫すれば仕事もできます。その工夫する力を貸してくれませんか。一緒に生きるために。当たり前に、お互い自分のことは自分で決め、対等の立場で生活していけることを願っているのです。

学力テストは零点でも、楽しく生活し、今持っている力で勉強したい気持ちは同じです。一緒になって考えてほしいのです。競争社会から遅れたら、人でないみたいに言われるのは我慢がなりません。

（二〇〇七・四・二〇掲載）

6　おやじ考

「お父さん」って、背中が大きくて逞ましい。肩車したり、おんぶしてもらったりしたことが懐かしい。休みの日、父と母と連れ立って、両手にぶら下がって公園で遊んだり、買い物でおもちゃをねだったことなども思い出される。平凡だが家庭の温かさが漂う。

子どもが風邪を引き、熱が下がらないときは、夜でもかかりつけの医者に駆け込むことがある。子どもの病気、けが、困りごとで一喜一憂する。子どもは自分で状況を話せないので、親は最善の方法を考え処置するのが普通だ。子どもに起こったことは、親の責任として、完全防備していこうとするのも親としての素直な気持ちである。

しかし、日本の習慣の中に、父親が家の全権を持つ封建的な一面が見られる。父親は外で働き、金を稼ぎ、家族を養うといった家長制度的考え方もいまだに潜む。その中では、子どもの成長や困りごと、事件の処理は多く母親に託され、知らず知らず分担ができ上がったりする。子どもが問題を起こすと、母親のしつけが悪いからだと責任を押しつけられるのもその一つ。

しかし、考えてみれば母親だけの子どもではない。父と母と二人が産んだ子どもである。役割分担があったとしても、一方だけの責任である訳もなく、双方支え合って育てなければならないのが道理である。

〝泣き止まない〟のは何か不具合があるはず。赤ん坊のように小さければ、お腹が空いているとか、おむつが汚れているとか生理的なことが理由かもしれない。抱いてほしい、おんぶしてほしいと接触を求める心理的な原因もある。一方があやしていれば、一方がやりかけた家事や汚れ物の始末をするなど、子どもを起点にして協力しあうことが必要だ。きょうだいがいればきょうだいがあやし役になるのもあり得る。

ところが往々にして、泣いている子にいら立った父親が母親に、「うるさいから何とかしろ」といった次元の違う声が飛び出すことがある。泣く子が悪い、聞き分けがないと子どもを責めることが起こる。虐待の始まりである。

子どもは一つひとつ覚えて行く。手を伸ばして物をつかむ、触ったり舐めたりして確かめる。欲しい物があれば動き出す。這い出し、立ち上がったり、尻もちをついたりしながら歩き出す。触って、振って、投げて物の属性を知り、面白さも覚えて行く。そんな繰り返しの中で、快い経験が学習になる。不快さも怖さもその中で学習される。子どもは痛い、転ぶなどの不安があると助けを求めて行く。そこにはいつも母親や家族がいて、処理してくれる。新しい経験が積み上げられて、人との絆や、関わりが生まれて学習されていく。

それとは別に負の効果として、不快な経験は学習を中断させてしまうことがあることを忘れてはならない。「大きな声で怒られる」ことは、子どもにとって辛い経験となる。怒鳴る声の怖さ、叩かれる痛さなどは、泣くことしかできない赤ん坊にとっては、次元の違うものである。「助けて」と泣いて訴えていた子どものサインが無視され、大人の都合だけが押しつけられることになる。子どもは逆に火のついたように泣く。それをもっと制止しようと体罰的なことが起こる。どう育てたら良いのかと迷う母親から加えられることもあるし、母親に責任をかぶせる父親から、さらに高圧的に加えられることも起こる。子どももこれらの怖さから逃れるすべを少しずつ覚えて行く。叩かれないように首をすくめ、手で頭をおおう、逃げるなど何とか最小限の痛さにとどめようとし始める。表面的にいい子ぶることも起こる。逆に見えない所で、気付かれないように、大切なものを壊したりする。なんとか自分を守ろうとして、物心着く頃には、嘘もつく、反抗もするといった子に育っていくことも考えられる。親の権威を押しつけようとするが子どもは反発するといった構図も生まれてくる。思春期・反抗期を潜り抜けて最悪の場合、家庭崩壊の様相を呈してくることもある。

親の庇護がない場合、良い子ぶって内にこもるか、反面憎しみを隠し持つようになることもある。外で発散し、爆発させることも起こる。親を困らせようとすることもある。しかし、多くの場合、家の中で物に当たり、親に当たることが見られる。引きこもりも紙一重と言える。こうなると、子どもから「お母さん」という呼びかけは消え、食事を用意する人、買い物をする人に変わり、呼び捨てで名前を呼ぶことも起こる。「お母さん」とは決して言わないようになる。時には命令的に、母に向かって〝持って来い〟〝早くしろ〟〝くそばあ〟といった荒れ方まで出てくる。

赤ん坊の話から、物心つく反抗期の子どもにまで話が長足に進んでしまったが、幼児期にもさまざまな親と子のずれが生まれることがある。保育園でおもちゃの取り合いで喧嘩になる、仲良く遊べない、おもちゃを「貸す」「貸さない」、「おれが先」と譲らない、貸したら壊された経験が意地の張り合いになり、どう取り持っても治まらない。貸してもらった嬉しい経験がないことにも起因する。優しくしてもらうと、人にも優しくできるはずなのに、壊されたり、ずっと返してもらえなかったことが、心のどこかに引っかかってしまっている。そのとき、「貸してあげなさい、あんたは大きいんだから」と言われることがあるが、喜びという代償がないので素直になれない。

〝宿題したら〟とよく言われる。誰に聞かなくともできるなら、言われたまま従うが、どうするか聞かなければならないと負担になる。そのうえ、〝こんなの分かんないの？〟とバカにされると、もっと辛くなり、宿題が嫌いになり、「宿題ないよ」とごまかしたりする。人と比べられるのも、子どもの自尊心を傷つける。「ぐず、馬鹿、いくじなし」と嫌な言葉が浴びせられる。褒められるようなことは一つもないみたいに言われ、嫌な言葉を言った親より、自分と比較対象にされた相手まで憎みたくなってくる。とても甘えて行く状況でなくなる。一つ狂いだすとどんどん収拾がつかなくなっていく。一番近くにいる母親への反抗・仕返しが目立ってくる。嘘を平気でつく。一度嘘が通るとまた嘘を重ねる。それがばれたとき、双方爆発することが起こったりする。荒れる、物を壊すなどでもう気持ちのやり場がなくなってしまう。そこで母子関係の修復などと言っても、もう遅いとしか言いようがない。

「お母さん、ごめんなさい」「お父さん、ごめんなさい」と再び言えるようになるのには、はたしてこれからどれだけの歳月が必要なのだろう。葛藤が続くことになる。

（二〇〇九・四・二〇掲載）

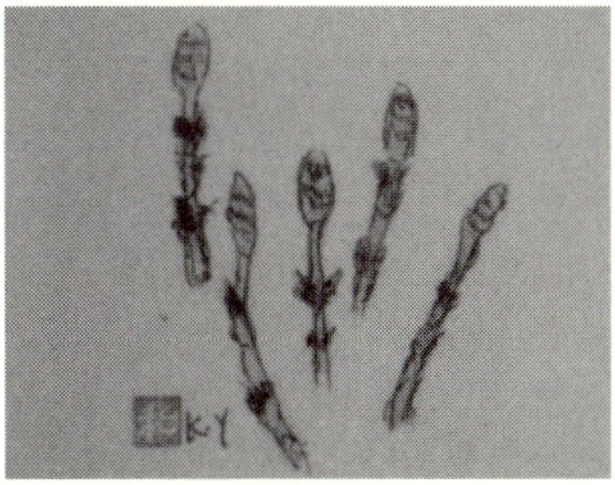

第四章　障害者の権利は守られているか

1　障害者と老人は生きていてはいけないのですか？

私はこれまで文の中で、行政のやり方に嚙みついたことは少なかった。暗に批判的に書いたことはあるが、今度だけは我慢できなくなった。

重度の障害を持ち眼球しか動かせない場合でも、それでも人は、「はい」「いいえ」のサインを送り、自分の思いを伝えようとしている。目をくるっと動かしたときはイエス、じっと動かさないときはノーという具合だ。これだって精いっぱいの行動である。声にならない、聞こえないと片づけられたら、その子の意志は何も認めてもらえないと同じになる。

この小さなサインを見逃さず、子どもたちの思いを少しずつ広げ、願いを実現して行こうと提案してきた。何をさておいても、障害を持つ本人が何を願っているか、それを聞き、たとえはっきりしなくとも、最善のことを一緒にやって行こうと呼びかけてきた。「はっきり言わないから」「分かるように言わないから、本当の気持ちかどうか理解できない」など理屈を言って、障害者が送ってくるサインを無視する人がいる。先生の中にも、「確かな行動がなければ、主張していることにはならない」「推測は同情でしかない」と言う人がいる。成績を評価をするときはあるいはそうかもしれない。○×《マルバツ》を書かないのだから、評定できないと言いたいのだろう（血も涙もないってこのことかもしれない）。

「これ食べる？」「ほしいか」と言われても、手も声もサインも送れない子がいる。サインも送れないからほしくないときめるのでなく、もしかしたら子どものほうでもサインを送れないことで気後れしてしまい、依怙地になって「ほしくない」と自分で自分を抑えつけているのかもしれないと考えてほしい。みんなが食べておいしい物ならば、こっちから声をかけ、「ちょっと、味見して」とスプーンで口に含ませてもいいのではないだろうか。

障害者にとって身体動作だけでなく、健常者とのコミュニケーションでも困難だらけである。忖度して、手を貸すと、ほっとし、目を細めて安堵の気持ちを伝えてくるのです。〝あなたは私の手になってくれますか？〟とある障害者が切実に訴えています。障害者も、手を借りさえすればどこへでも行けるし、したい経験を得ることもできます。健常者が自分で歩いて行くように障害者もどこへでも行けるはずです。〝私と一緒にいて、体温と呼吸を感じ合いながら、私が今何を求めているか、見つけ出してくれませんか？　そのあなたを信じて私は身体を預け、生活を任せていけるのです。命も任せていけるのです。こう生きるしか方法がないからです。その一つでも否定されたら、「生きるな！」と言われたのと同じです。〟こんな声に筆者もしばしば出会ってきました。母たちは必死になって手を貸してくれる人を探してきました。医者にも、学校の先生にも、ときには道行く人にでさえも私を見せ、「この子の命を燃やさせてほしい」と願ってきました。母一人でも、家族だけでもできないのです、「社会がこの子の願いを受け入れてくれるよう力を貸してください」と願って訴え続けて来たのです。

相田みつをさんがこんな詩を書いています

ただいるだけで
あなたがそこに　ただいるだけで
その場の空気が　あかるくなる
あなたがそこに　ただいるだけで
みんなのこころが　やすらぐ
そんなあなたに　わたしもなりたい

この詩を読むと、そこにはお母さんがやさしいまなざしで見ていらっしゃる、そんな感じがします。仏様が手を合わせて祈っていらっしゃる、そんな感じもします。障害のある子が笑顔で頷いている、その子をみんなで取り囲んでいるような感じもします。「あなたはそこにいるだけでいい。あなたが生きようと命の火を燃やし続けて行く限り、その明かりを輝かせるために、みんなが力になっていきます」。そんな心を語っているようにも思います。

ところが近頃はどうでしょう？「施設を利用するのだから、利用料を払ってください」「治療したり訓練するためにはお金がかかるのです。そのお金をみんなで出し合う必要があるのです。障害者も老人もみんなで分担し合って行くのが保険制度です」と言ってお金を徴収することにしたと言うのです。

作業所で一カ月一万円の工賃をもらっている人がいます。利用料はもちろん、食費や光熱費も含めて、もっと多くのお金を納めなければなりません。本人だけで出せないなら、親が同じ責任を負って支払うべきとされています。

障害が重い場合、施設生活の自立訓練をしている場合があります。収入はゼロ、それでもお金を納めなければ、相互分担の責任は果たせないと言います。しかし、人としてそんなのありですか？

老人の場合も、年金があったり蓄えがあるのだから、相応の分担はできるはずとして、年金から天引きされる制度が生まれました。しかし、天引きされて手元にいくらも残らず、生活できない人もいるのです。

老人保険の場合、早期発見治療のための人間ドックの補助が打ち切られました。「老人はもう先が長くないのだから、治療のために無駄な金を遣わないでくれ」と言っているのと同じです。「生きることも無駄」と言っているのに等しいと思いました。医療技術が進み、新しい治療法が開発されてきたという、ニュースが流れています。しかし、それを利用するにはすごく高額な医療費がかかります。自費なら別だが保険適用はしませんというケースがほとんどです。延命治療もできるだけしないように家族の了解を取ると言います。「一日でも長く生きて！　おじいちゃん！」という家族の願いは打ち消されるのです。

そのうえ、保険制度に入らないと今まで障害者が受けていた医療補助を取り消すとも言います。保険料を納めないと保険証を取り上げるとも言います。ますます医者にかかれず、ただ何かを待つ結果になるように思えてなりません。こんなのありですか！　もう物も言えないのですか！（軽減措置があるとはいえ、考え方が変わらない限り、弱い者が生きづらくなるのは変わりません）

中国四川省の大地震で三万五千人もの方が亡くなり、行方不明者、生き埋めになった方も含めると七万人もの犠牲者が出ています。幸い難を逃れたものの野外のテントで治療を受けたり、避難している人々がその何倍もいます。自然災害とはいえ、父も母も家も失い、途方に暮れている人に、それでも納税の義務があるのだから税を払えと言っているようなものです。

人が障害を負うのは、病気も含め、生まれながらのことも多い。つまり、自分ではどうしようもないことだ。その障害者から利用料を取ると言うことは、まさに避難している人にテントの使用料を払えと言っているに等しいと思いました。お金の勘定やお役所の理屈を言う前に、お互いの命の大切さを認め合い、命を守るために行政は力を尽くしてほしいと改めて考えるのです。

（二〇〇八・五・二〇掲載）

2　誰にも懸命な人生があり、そこに生き甲斐を求めている それを誰も否定してはならない

今回も世の中の動きに、一言重ねて物申したい。

二〇〇八年六月一一日（水）の朝日新聞の「聞く！」欄に東大名誉教授多田富雄さんの手記が掲載された。

　私は二〇〇一年五月二日の夜、旅先の金沢で脳梗塞の発作に襲われました。三日ほど死地をさまよった末、目覚めると、右半身は完全にマヒし、嚥下障害で水さえのどを通らない、叫ぶことも、訴えることもできなくなりました。

　それからは地獄のような苦しい日々が始まりました。人間の命が壊れるというのは、こうゆうものかと知りました。何度も死のうと思いました。しかし、どうせいったんは死んだのだから、もう一度「生きる」ということを見定めてやろうと決心しました。私はリハビリ生活の日々の中で、「死の中の生」を見つけ出そうと思ったのです。この思いは生まれながら脳性マヒという障害を持ちながら、毎日リハビリに励んでいる子どもの想いと重なるように思いました。

　手が動かない、お菓子をつまんで食べたい、ペンを走らせたい（どんなに心の中で叫んだか）、歩きたい、走りたい、みんな好きな所に飛んで行っているのに、自分は見ているしかない（僕も一緒に動き回りたい）。手と足が頭の中では跳びはねるように動いているのに、本当はごろりと、じっと天井を見ている自分がいるだけである（くやしい）。

　みんながわいわいおしゃべりして、大声で笑って遊んでいるのを横目で見て、自分の体と病気を恨めしく思ってしまう。でも自分ではどうしようもない。でもこのままでは嫌だ。ほんの少しでも、できることに挑んで、みんなのように楽しみを味わいたい。

手を借りてでも、どんなに下手でも、なんと無様な食べ方と言われようと、今恰好などつけていられない。遠慮していたら、みんな遠くから僕を見ているだけで、何も変わっていかない。できないやつ、「無理、無理」と口には出さないけど、心の中で僕を見ているような気がする。でも、僕が動き出せば、声を上げれば、〝なに？　なにしたいの？〟と近寄ってきてくれるような気がする。僕の願いを聞いてくれようとして、傍《そば》に来て馬鹿なやつだけど根性のあるところをみせれば、力を貸してくれるかもしれないと、そんな期待をしていろいろなサインを送ってみる。

僕は僕なりに生きている限り、生きている証のために、周りのことを吸収し、みんなと仲間になっていきたいのだ。」

多田さんはその手記の終わりに「ところが一昨年三月、突然担当医師から、診療報酬の改定で、発症後一八〇日を上限として、リハビリができなくなりましたと宣告された。リハビリの制限は障害者にとって〝回復するな〟ということと同じです。目の前が真っ暗になりました」と書いています。

それなら生まれながらの障害を持っている子どもはどうなる？　恐ろしい話である。気管切開をしていて、痰の吸引が必要だったり、胃ろうの手術をして栄養を採っている者にとっては医療ケアが一生涯、生命維持について回るもの。もし完治しないとか、リハビリの効果も薄いと診断されたら（誰がするのか？）、命綱を切られるようなものだ。明日から自分はどうなるのかと、お先真っ暗といった思いになる。

たとえ医者に権威があろうとも、本人以外の人が本人の将来のこと、本人の生き方のことを決めることはできるのだろうか。「僕は生きたい、家族みんなと、生きることを共有していきたい」。こういった想いを誰も否定できないはずである。「おまえは社会の役に立てないではないか。寝たきりで生きていて、どうしようというのか」という冷めた人もいるが。

本人が生きられるためにどうするか？　生きたいと願っていることを、どう支え、医学的に、身体的に実現することが医者の役割ではないのか。医学のメスの入っていないところで彼自身が実験台（モデル）になっている。これだけでも生きている証になるのではないか。歩けるようになるための手法は、彼の体と関わることで生まれる。臨床的に繰り返して、結果が導かれる。多くの訓練法は訓練士と障害を持つ本人との合作である。

障害や病気を持っている本人も頑張っている。訓練士も医師もそこでこそ障害者の医療、リハビリという学問が成立するのである。当事者がいなかったら、その方式は机上の空論にしか過ぎない。不可能ということはない。難しいことはいっぱいあるが、可能性に向かって進むことが与えられた使命のように思う。懸命に生きている。これを否定したり、生きづらさを増したりすることは、人の道に反する。誰もかけがえのない命を持っており、生きる証を求めて、努力し合っている。支え合ってこそ人としての道、支え合ってこそ社会の意味があり豊かな社会と言える。

※障害があっても懸命に生きている子どもに代わって書いて見た。子どもたちの訴えが消されることがないようにと願って。

付言

過剰な競争と、成果主義、市場原理主義に追いまくられ、格差が広がってきている。その中に物言えぬ者が多くうずもれてしまうことは、社会が病んでいるのかもしれない。差別の温床がカモフラージュされているのかもしれない。その警告を発しているのが障害者自身であると自覚しよう。

（二〇〇八・六・二〇掲載）

3　差別はすべての元凶である

差別は比較から始まる。走るのが速い、遅いというのも二人で走ってみて、比べるから言われる。そして速い者が勝ち、遅い者が負けといった優劣判断に繋がる。さらに速い者が上、遅い者が下といった序列に繋がる。

鬼ごっこの遊びの中でも、遅い者はすぐつかまり、鬼にさせられる。万年鬼じゃ面白くないし、遊びたくもなくなる。またジャングルジムでも、早く登る子もいれば高い所が苦手な子もいる。「早く登って来いよ」と手招きされ、悔しい思いをすることもある。ブランコでも、いつも待ち組にさせられる。とにかく遅いと損をする経験を多く重ねることになる。確かに速い、遅いは比べればどちらかになる。それが生活や遊びの中に入ると、悔しいことや、面白くないことに繋っていく。

運動会の種目に徒競走がある。一年生はトラック半周五〇メートル走である。一年生M子は六人の同級生と一緒にスタートラインに並んだ。合図のピストルが鳴る。一斉に走り出す。M子は三番目を走っていたが、六番目のA子ちゃんのことが気になって、〝早く！　早く！〟と手招きしてA子が来るのを待ってしまった。他の子に追い越されて、A子と手を繋ぎゴール、五・六着同着になった。徒競走の意味が分かっていない。みんなが走るから、同じように走っただけで、ゴールといっても、着順を決める「競争」だとは分かっていない。M子は一番仲良い友だちのA子と一緒に走れるのが嬉しくて、わくわくしていただけだった。一緒に仲良く走る徒競走があってもいいじゃないかとも思った。順番をつけない二人組、三人組、おんぶ組、スキップ組など仲良しが深まる種目を作ってもいいじゃないかとも思った。A子はダウン症で、M子は登下校もいつも一緒だった。家も隣で、保育園のときから、家族ぐるみの仲良しだった。ここまで分かれば、M子が「早く、早く」と呼んでいるのも納得がいく。

能力に差がある場合、一緒に同じことをすることだけにこだわらず、遅い子に合わせて、できるまで待つこともとっても大事なことのように思う。運動会で車椅子の子どもを一緒に走らせるにはどうしたら良いか、話題になったことがある。着順や結果は度外視するしかない、参加することに意義がある。つまりオリンピックではないが、みんなにとって運動会をどう楽しく、努力する機会にするかが考えられた。ハンディをつけることを考え、一コース（最内）二〇メートルの所をスタートラインにして（他の子は半周五〇メートル）同時にスタートするやり方にした。声援が一段と盛り上がった。わが子の名前だけ呼んでいた雰囲気が、車椅子の子にも「Aちゃんがんばれ！」に変わったから不思議であった。もちろんそれでもビリだったが、努力は一等賞だった。ゴールしたときの拍手が一段と高かったのを覚えている。競うだけのレースよりお互い自分の力をどれだけ発揮したか、努力を称える雰囲気が運動会をみんなで包み込んで、思い出に残るものにしたのも事実であった。

体力にも能力にも確かに差はある。しかしその差をどうするか、どの子も差のあるままで、生活するはずはない。練習や訓練などが積まれ、しかも助け合って行くところに社会、友だち社会があるのだと思う。

「できる」「できない」というのも比較の一番手に挙げられる。運動面では一緒に関わって補い合うことができるが、学習面では大きな差異になってしまうことがある。数の計算ができない。三の集合が分からないと、一＋一がいくつか答えられない。三個が一つ、一つ、一つになって、一・二・三とならない。なったとしても数唱の練習で習慣的に唱えているだけで、三個が三つの集まりにならない。引き算はもっと混乱してしまう。一〇〇円で買い物ができてもお釣りは相手任せであることが多い。一・二・三ではなく、一人、二人、三人、一個・二個・三個、そして長い、短い、多い、少ないなど具体物で遊びも含めて学習することで、理解できるようになるが、障害のない子には分かって当たり前で、できないことが大きなハンディにされてしまう。「できない」「馬鹿」そんなさげすんだ言葉が飛び交ってしまう。

できないのには理由《わけ》がある。病気で脳の働きが思うように機能しなかったり、病気で手足が動かないので、経験すらできないことがある。嚙んで味わって食べることでも困難が伴うことがある。かじれなくて、ジュース状にしたり、トロミをつけて飲み込んでいると、おいしさや食感なども違ってくる。

努力すればみな同じになるとは限らない。努力すればするほど、手や足、口などに緊張が出てきて、もっと下手になり、苦しくなってしまうことだってある。努力するにも条件を整え、できることから繰り返し、新しいことに挑戦するといった手順も必要だ。やみくもなやらせは子どもを委縮させ、始めようとする気持ちを削いでしまいかねない。

できないと可哀想という発想がある（しかし、そもそもできないと決めつけているところに本当の問題があるのだが）。食べさせてあげる、持ってあげるなどお節介の押し売りをすることがある。体育着の着替えも、袋からだしてやり、着せてあげる。上履きを履かせてやる、本人は人形みたいにじっと立っているだけでいい。本人ができるように手助けするなら分かるが、至れり尽くせりでは、子どもは学ぶことも自分でやりだすこともしなくなってしまう。このお節介も誤った差別に繋がる。

知的障害の学校での同窓会は、親子の集まりであることが多い。そして中には、同窓会長は父親である例が多く見られた。（一九八〇年代には）子どもが同窓会を運営できないと決めつけている節があった。楽しい企画で子どもを喜ばせるのはいいが、発想に誤りがある。同窓会は卒業生の集りだ。この学校で学びあった仲間、文化祭や運動会などで競いあい喜びあった仲間で、思い出の学校で互いの生き方を語りあい、交流していく会であるはずなのに、親がかりは何ともいただけない。組織的な運営は顧問の先生に助けてもらい、子ども同士の自主的な会にしたいもの。親が子どもを見直し、独り立ちする良いチャンスでもある。後見人とは代理人ではない。その子の願いを叶える助っ人でしかないはず。こうして自分のしたいことを言えないようにしていては周りから、「できないくせに」「分からないくせに」と言われてもやむを得ない。親は子どもが差別されれば、憤りを見せる。しかし親自身が子どもにはできないと決めつけているところに差別の根源があることも忘れてはならない。差別は私たちの思いの中に「この子は私たちとはちょっと違う」とか「困った存在」とか思っているところに根強く残っている。差別しないとは「できる」「できない」という発想を止めること、「この子たちは可哀想」という考えを私たち自身からなくしていかなければ実現できない。

障害者差別禁止法が、国連でも日本でも大きな話題になっている。まだ、話し合いの途中だが、一日も早く作ってほしい。「みんなちがって、みんないい」と金子みすずさんは言っているが、その心を互いに持ち、みんなで励ましていきたいものである。

（二〇〇九・六・二五掲載）

4　障害があっても、なくても、人は人を差別してはならない

「法の下の平等」は日本国憲法第一四条に明記されている。障害者基本法にも差別や権利の侵害があってはならないと書かれている。だから心配ないと言われるかもしれないが、現実には障害があるだけで差別に満ちた日々を送らされている。健常者と比べられ同じようにできないと、「バカ」という言葉が浴びせかけられてしまう。「バカ、何してる！」。どうしようか迷っていると、道を急ぐ人から、頭ごなしに言われる。「バカ、あっちへ行け」。野球をしていても、ルールが分からないとのけ者にされてしまう。どこにも行く場がないのである。一緒に遊び、一緒に勉強したいと言っても、一緒にはさせてくれない。それが現実なのである。

「遊んであげる」「教えてあげる」なら良いのか？　いや、その裏には「可哀想だから」「できないから」といった思いがあって、慈悲や保護の対象にされてしまっている。これまでは皆そうだった。働けないからお金をあげる。その人の「好意」だとは分かっているけど嬉しくない。「本当はいないほうがいい。

いるから、放っておけないから、援助するしかない」からという考えが含まれていれば、それは障害者に対する差別と排除の考えに繋がってしまっている。例えば、生活保護も本当は自立までの権利としての支援なのだが、働かないで金だけ持っていく金食い虫のように言われ、屈辱的な仕打ちさえ耳にする。それが嫌なら何もあげないまでと嵩にかかって言われる。我慢だけが残される。なぜ差別されるのか？　そして、なぜ自分は障害者なのか？　親を怨み、自暴的にさえなる。

みんなと同じに学びたいという願いを叶えるため、介助者をつけて授業に参加することがある。手取り足取り丁寧に見てもらい、一緒の学習ができるように見えるが、実際は一人では、立ち歩き、奇声を上げる等の行為で授業の妨げになり、担任一人では手に負えないから、その補助として介助者を置いているだけの例が多くある。担任の指導の邪魔にならないよう、子守り役を置いているに過ぎない。この子を含めたクラス全員の指導、インクルーシブ教育とはほど遠いことが行われているのである。「一人の学習のため、余分な人件費を遣う」と迷惑がられている。それで子どもが喜んでいるかといえば、そばにいて相手してもらえる嬉しさはあっても、みんなと一緒に学習したい願いは閉ざされ、所在なく座らせられている存在でしかなくなっている。

介助者がいない場合は、子ども当番ができたりする。同じグループに入れられれば、当番の判断で、着せたり、履かせたりして本人はただじっとしていれば足りることになる。カバンも靴もみんな持ってもらい、殿様気分でにこにこさえしていればよくなる。しかし、これらの「支援」は自主的な行いではなく、実は教師に言われた「課題」としての行いで、そのためグループの出来不出来、まとまりに影響するから本人の動きを待っていてはかえって評価が悪くなってしまうので、表面だけ繕うようになる。評価が良くないときは、障害児を問題視するという転倒が起きるときもある。「お前ができないから」「ぐずだから」と陰で言われっぱなしになる。順を待って並んでいても先生のいない所では「お前は、あと」とはじき出され、最後尾に回される。「仲良く、みんなで、助け合って」という目標も、教師の死角に入るといじめ、締め出しなどが隠然と横行し、子どもの精神的苦痛やストレス、引きこもり、学校嫌いを引き起こすことになっていくこともしばしばある。

「法の下の平等」は国や地方自治体と住民の間を規定するものの、個人間の関係には現実的には十分な効果を及ぼすことができない理念法に留まってしまう。だから障害者が差別を受けても具体的な施策の実施を義務付ける法律がないために罪にならないし、見過ごされてしまう。リフト付きのバスの運行や、エスカレーターをつけるバリアフリーの施策も努力義務で、設置はされてきたが、設置しないことは違法とはされない。これでは始めから差別解消を本気で追求していないと言わざるを得ない。だからこそ障害者差別禁止法を作ることが必要と言い続けられてきた。国連で「障害者の権利条約」が一九九三年に定められ、アメリカでも「アメリカ障害者法（ADA）」が二〇〇〇年に作られ、世界四〇カ国以上もの国が障害者差別禁止法を制定している。日本へも何度も制定に向けての勧告がなされているものの、国内法の整備に手間どっていて、まだ具体化はしていない。

- 障害のある人が障害のない人と同等に、その障害によっていかなる差別も受けることなく、人間としての尊厳を保持し、生き甲斐を持って暮らすことのできる社会を実現する。
- 一人ひとりのニーズに基づいた教育を受けることができる。
- 働く機会が保障される。

・地域社会で自立し、自活していくために必要なサービス（住宅、交通、移動、施設、医療、リハビリ等）が受けられる。
・参政権を差別なく行使できる。

などの要件を満たした差別禁止法の制定が急がれる。

こういう議論の際、必ず「できる、できない」ということを基準にされるが、そうならば生まれたばかりの赤ちゃんはどうなるのだろうか。身体的動作が不可能な障害者はどうなるのか？　確かに多くの援助が必要になるだろうが、それをきめ細かに受けたものは育ち、自分の生活の幅を広げていくこともできる。これは自己責任の問題ではない。社会の問題である。周りがどう関わり、手厚く手助けしたかという点こそ問われているのである。本人のやる気や努力も必要なのはもちろんだが、その努力も重なってできることが増えていくのである。それなのに、できないことを個人の責任のように言われることは矛盾していると言える。社会の貧困さを絵に描いたに等しい。

一番支援を待っている人に支援の手が差し伸べられるのが当たり前で、努力が足りないのは支援の側であることも明記しておきたい。みんなでできるように支え合うのが共同体なのである。

行政側の施策だけを待っているわけにはいかない。そこで自分たちで働く職場を作ろうとリサイクルショップを立ち上げた。それが「虹の会」である。できる仕事を見つけ、一緒に仕事をして行く。失敗もするけど、繰り返さないように補い合う。約束を守って、みんなで仲良く、楽しく仕事をする。働く上で「できる、できない」等の差別をなくして、自分ができる範囲で、みんなで助け合う職場作りをモットーにしている。

自分たちで仕事をし、自分たちで給料を作り出しているから働き甲斐があり一生懸命なのである。声援を送りたい。

(二〇一〇・三・二〇掲載)

5 「障害者差別解消法」が成立しました――これで虹の会は立ち直れるでしょうか?

二〇一三年六月一九日国会で「障害者差別解消法」が成立しました。二〇〇一年全国の障害当事者団体と日本弁護士連合会が中心となり、障害者差別禁止法(JDA)を実現する全国ネットワークを立ち上げてから、一二年目にやっと法律として実現しました。

成立までの経過は次の通りです。

(一)一九九〇年にはアメリカでADA(アメリカ障害者法)が作られました(二〇年も前です)。

(二)二〇〇〇年にはEU(ヨーロッパ連合)でインクルーシブ(分け隔てない)な社会を作ろうと、雇用の差別をなくすことから始めて、すべての分野での障害者差別を禁止しました。

(三)二〇〇一年、国連は日本に障害者に関する差別を禁止する法律を制定するように勧告しました。そのときから日本でも差別禁止の法律を作る運動が始まりました。

(四)二〇〇六年、障害のある人とない人が、分け隔てなく共に暮らせる社会や法制度を作ることを全世界に求めて、国連で「障害者権利条約」が採択され、二〇〇七年日本も署名(高村正彦外相)、批准することを約束しました(世界の一二五カ国が批准しているのに、日本は未だ国内法が整わないとして二〇一三年現在、批准していない)。

（五）二〇一〇年から内閣府に差別禁止部会が設置され、障害当事者も含めて二五回の会議を重ね、二〇一二年九月、最終報告書を作成、内閣に提出しました。

（六）その後、内閣が民主党から自民党に代わりましたが、「障害者差別解消法」として超党派で「自立と共生の社会つくり」を基に二〇一三年五月三一日、衆議院で全会一致で可決。六月一九日、参議院で可決成立しました。

「障害者差別禁止法」が「障害者差別解消法」と名称が変更され、内容（障害の定義、合理的配慮の提供、裁判規範性等）が十分ではないが、これからガイドラインを作り、実効性の確保、国連の障害者権利条約批准に向けての努力をする中で解決していくとし、障害者団体も大きな前進と捉え、了承したと言っています。

その中で、①障害を理由とする差別等の権利侵害の行為の禁止、②社会的障壁の除去を怠ることによる権利侵害の防止、③国による啓発、知識の普及を図るための取り組みを中心に掲げ、差別禁止という原則を実現しようと決めたのです。

そして国や自治体に法的義務を課し、民間事業者には努力義務が課せられると規定しています。福祉施設でも法的義務が課せられました。民間事業者にはガイドラインを定め、障害者雇用促進法の改正を通して、事業主に合理的配慮を義務付けるとしています。この法律は三年後、二〇一六年四月に施行、三年ごとに見直し検討するとなっています。これまでも障害者総合支援法（二〇一三年四月〜）を通して障害者（難病患者、精神疾患等も幅広く加えて）に対し、居住介護、装具などの給付、福祉サービスの利用など可能になりましたが、申請、相談、福祉援助というルートがあり、利用者と提供者との関係は変わらず、応益負担などもそのままになっています。

残念ながら差別解消法は今も理念法に止まっていると言われ、人権を尊重しているという対外的な面目を保つことが主な役割とすら言われています。福祉の現場から見ると、具体的にはこの支援法のみが法的サポートの中核になっている点も、まだまだ課題が残っていると言えます。「まだみんなの共通の理解になっていない」「取り組みは徐々にやればいい」「この法律はまだ日本には時期尚早」「進めるにあたっては条件を付けて」など言われて、障害者の権利を守ることが先送りされています。

やはり解消法では法的拘束力がなく、「差別禁止」と謳って障害者の生活や権利を法的に守ってほしいと思います。憲法では人権の尊重を謳っており、法の下に誰もが平等であり、差別されないとされています。しかし、選挙権が行使できない、学校の義務制が一九七五年に始まっても特別支援学校に通わされ、普通校に通えない現実があります。働くと言っても企業は障害者雇用率の範囲内で考え、抜本的に就労の条件作りに取り組んではいません。月給一万円余の福祉就労で我慢させられています。

障害者の能力に応じ、可能な条件をつくり出し、学習も就労も努力し合ってこそ、本当の自己実現が可能になるのに、財政の壁や伝統や歴史、慣習などの意識の壁があり、理念法に留め置かれてしまっています。極端に言えば裁判に勝てる実効性のある法律を作らなければ、本当に障害者の権利を守ったことにはなりません。

障害があったら、ふつうの日本人として当然の権利を求めて何がいけないのでしょうか？　この問題提起については、何度も虹の会の機関紙に載っています。「スーパー猛毒チンドン」というバンドの歌（後述）の中でも、「いじめ」の歌の中で告発しています。「養護学校の先生にいじめられた動きがのろいって蹴られた　どうせ何も分からないって馬鹿扱い」と、抗議の気持を吐露しています。偏見と差別の中で悶々とし、文句が言いたい。しかし抗議の言葉が言えない。にらんで不服な態度を見せるが誰もその心を読み取れず、代弁してくれない。周りで見ていたり、気づいている人はいる。しかし、触らぬ神にたたりなしと、手をこまねいている。みんな自分を物差しにして、損得を考え、合わないとはじき出していく。障害を持って生きる者の心情には触れてくれない。「努力すれば報われる社会」と誰かが言っている。「助け合う社会」も麗しいと言っている。しかし、努力しようとしても自分だけでは難しいことがいっぱいある。道具を工夫したり、体の緊張を解いたりすればいろいろなことができるのに、それも自分でするのが努力だと言う人もいる。「できるまでやってみろ」と言われ、一日中着替えに格闘させられることもある。これが支援と言えるのだろうか？　頑張っても結局できないと「努力が報われる社会」からも外されてしまう。大きな挫折感と不信感だけが残り、自分を奮い立たせる意欲もなえてしまう。こんなストレスを今まで山ほど繰り返してきたのである。

誰かにしてもらう、自分はただじっとしているだけの、人形のような生活は誰も望んではいない。虹の会では、みんなで考え、約束を決め、仕事の効率を上げるように相談する。提供品回収、商品値付け、物品運搬、衣服の洗濯もみんなでやる。みんなでやるから頑張れる。一緒に笑ってふざけて、食べて、運動もするから、張合いがあり、楽しいし、面白い。みんなで決めてみんなで働く。どこの会社でも職場でもそうしてほしい。

生活できる給料がほしい。だから働いて稼ぐしかない。年金だけでは一人暮らしはできない。一〇万円ほしいのは、生活していくための最低のお金なのだから、毎日働いて頑張っている。「助け合う」ことも大切だ。しかし、そう言う人は「家族で助け合う」ということを言っている。障害があるのだから、家族が生活や将来を考えていくのが当たり前と考えている。しかし、本当は一人で暮らし自立したいのだ。そのために身内の手助けに慣れることが怖い。親が構いすぎて、保護に回り、外からの圧力を排除しようとする。本当は親や身内からも離れて自立したいのが本音である。友だち同士の助け合いが一番。親は未来永劫いつまでも生きているわけでもなく、また自分自身も親の人形ではもちろんない。親に向かっても堂々と一人前の大人としての生活をして見せ、そのうえで自活を応援してもらうようにしたい。そう思って自活を始めているはずである。

障害があっても当たり前に暮らせる。誰とでも一緒に楽しめる生活がしたい。しかし、今、虹の会は大きな財政的なピンチに立たされていると聞く。リサイクルの店は大きな倉庫だったところを月六〇万円で借りている。自立生活をしようと何室もの部屋を借りている。事務所も作業所も倉庫も民間の空き室を借りている。合計すると膨大な費用が掛かる。リサイクルショップで、いくら稼いでも経費を支払うには四苦八苦している。そのうえ売り上げが年間一〇〇〇万円を超すと消費税を納入させられる。自己資金もないのにと言われるが、もっと障害者が働いている事業所に行政が応援してもいいのではないか。せめて賃貸料ぐらいは、働く条件作りとして援助できないのか。

条件を整えて、生活や労働を保障しながら、自治体も一緒になって考えていく。これが差別解消に最適の実効ある福祉ではないかと思う。

（二〇一三・七・二〇掲載）

6　障害者差別解消法で差別はどう解消されるか

二〇一六年四月一日、障害者差別解消法が施行されました。障害のある人もない人も同じように暮らせる社会（共生社会）を目指して策定されました。「差別はいけない」という道徳的理念を超え、障害者の生きる権利が保障される実質的機会が広がって行き、「差別されない」ということが法律になったことに大きな意味があります。これからの障害者の生活の一歩前進ということが言えます。

第二次世界大戦後、国連は二度と戦争を起こさないために話し合いを進め、生命と人権を奪うことなく平和に暮らしていくため、一九四八年、世界人権宣言を発表。さらにその人権を守ることを条約として義務付けるために、二〇〇六年一二月、障害者権利条約を採択、各国に署名・批准を求めてきました。日本はおよそ七年後の、二〇一四年一月にやっと批准しました。その間、国内では「障がい者制度改革推進会議」の中で国内法の整備の話し合いが障害者団体との間で進められ、国（政府）と基本合意に達し、障害者基本法の改正（二〇一一年）、さらに障害を理由とする差別解消の推進に関する法律（障害者差別解消法、二〇一三年）が策定され、法律としての整備が進められました。

今まで電動車椅子では段差があって入れない施設があったり、盲導犬を連れて行くと「犬は外に繋いで」と言われる店舗がありました。銀行のＡＴＭの操作を手伝ってほしいと伝えても対応してもらえないなど多くの苦い経験をしてきました。この法律はこうしたことが起きないよう、不当な差別的取り扱いの禁止を謳っています。

また、障害のある人が社会生活をするうえで障壁（バリア）になる物の除去（バリアフリー）を可能な限りおこなう配慮（合理的配慮）をするように定めています。国や自治体には法的義務を、民間事業者には努力義務を課すと決めました。そのために、国・自治体には相談窓口を設け、事業者には商店・交通・病院・学校など幅広く、障害を理由に生活、社会参加が制限されることのないように、障害の特性に応じ、細かやかな対応や支援を進めるとしています。また、本人を無視し、介助者にだけに話しかけるなどせずに、本人の意思を聞き、役割分担をし互いにカバーしていこうというものです。

これらの基本になったのは、二〇〇八年に起きた訴訟でした。障害が重い人ほど自己負担が重くなる「障害者自立支援法」は生存権を侵害する憲法違反の法律だと訴えて、全国の障害者が団結して違憲訴訟（七一人の原告）を起こし、二〇一〇年一月、障害者自立支援法の廃止と総合的な新しい法律の制定を約束して和解した基本合意です。

その抜本的見直し（基本合意）に盛られた内容は、

一、二〇一三年八月までに自立支援法を廃止し、新たな総合的福祉法制を実施すること。

二、障害者の参画のもとに十分な協議をすること。

三、少なくとも市町村民税非課税世帯には、利用者負担をさせないこと。

四、収入認定は障害者本人だけとすること。

五、介護保険優先原則を廃止し、障害者の特性を配慮した選択制を導入すること。

六、障害者が安心して暮らせる支給量を保障すること。

などでした。

これは、二〇〇六年施行の自立支援法は、障害者が生きるために不可欠なサービスを「益」と見なし、原則一割の「応益負担」を強いるもので、障害者の生存権を侵害し、障害者の人としての尊厳を深く傷つけたと、国が「心からの反省」を表明。同法の廃止を明記して、二〇一一年八月に総合福祉部会でまとめられたものです。

そして、障害者も加わった「障がい者制度改革推進会議」を設置して、障害者を保護の対象から、権利の主体へと転換することを理念とした新法を作成する「骨格提言」を発表しました。

しかしその後、民主党政権は民自公路線を加速させ、自立支援法の看板をすげ替えただけで、「応益負担」など根幹部分を残した「障害者総合支援法」を二〇一二年末に成立させました。

二〇一二年末の総選挙で自民党政権が復活。その後も国と違憲訴訟団との定期協議は続けられましたが、その後、新しく出されてきた社会保障制度改革推進法などの中で、社会保障の基本を自助、共助に置き、なお必要な場合に限り公助を検討するという、国の責任を後回しにしたものになりました。それは障害を自己責任として、障害に伴う必要な支援を「益」と見なす自立支援法の考え方を色濃く残したものになっています。そんな中で策定されたのが「障害者差別解消法」です。一歩前進は認めるものの内容の薄さが悔やまれてなりません。

まだまだ課題が残されています。まず、何より名称が「禁止法」でなく、「解消法」となったことも、お茶を濁したような消極さを感じます。合理的配慮が、民間事業者にとって努力義務に留まっている点も大いに問題で、条文の中には罰則の文言もありません。どこまでやってくれるかは人任せです。

「配慮という善意」も時には壁になることがあります。良かれと思うことや、勝手に手を出すことは障害者が願っていることでないこともあります。「私のことを私抜きで決めないでください」は接し方や福祉の基本です。勝手な思い込みの配慮よりはむしろ、「ただ生きていること」だけでいいと皆に認められるべきとさえ思っています。

無理に寄り添うのでなく、何が差別なのか、共通の物差しができ、共生し合える社会になるように願って止みません。

（二〇一六・四・二〇掲載）

7　本当のやさしさは、どう育つのか？　――道徳の教科化が言われる中で

車椅子の子が入級してくる。担任の先生は〝困ったときは助けてね。みんな仲良くしてね。〟と話す。〝はーい！〟元気な声が上がり、車椅子を囲んで、いろいろな手助けが始まる。ごく当たり前の風景（生活）が、教室や登下校で進められて行く。

しかし、子どもたちは車椅子にも、手足が不自由なことについても、「どうして？　どうなる？」など友だち付き合いが深まるほどに興味が増してくることも事実です。

子どもにとって車椅子はけっして軽くはありません。一人でこぐ力がなかったり、誰かに押してもらわないと、どこにも行けない。もし、押している人が手を離せば、スロープや坂なら、そのまま走り出してしまいかねない。そんな危険についても、どう危ないのか予想がつかない。床からどのようにして車椅子に乗るのか？　床の上を移動するときはどうするのか？　ゆっくり這って行くのか？

腕の力がない場合はお尻だけで移動するのか？　脳性マヒの子と筋ジストロフィーの子とでは、いろいろ仕草や力の入れようが違う。障害者をとりまく思惑や興味がその子の周りで渦巻く。

不自由な子どもの気持ちになって手伝ってと言われるが、それより級友自身の好奇心が先に立ち、危険と隣り合うようになる。事故になってしまったらどうしょう？　でもやってみなきゃ分からないと言うことも起こる。

関わる子にしたら、障害を持つ友だちを手伝って、褒めらる一方で、「いい子ぶって」という陰の声も気になる。べったりでなく間を置きたくなることも起こる。

障害のある子供にしてみれば、スロープで手を離されたらどうなるか？　立ち上がって座ろうとしたとき、ちょっと押されたらどうなるか？　といった不安も出てくる。手伝ってくれる友だちとの生活が、時に修羅場になることもあり得る。

不安や期待も含め、すべての気持ちを語り合って介助され、介護するなどはまだまだ先のことで、双方さまざまな葛藤があるのが普通である。

少し高学年になると、してもらって当たり前といった態度は、〝何様のつもりだ〟と反発を受けるといったことが起こる。前述の実例のとおり、障害のため食事をするにも苦労する様子を差別的にあげつらい、〝あっち向いて食え〟、とか〝生理的に嫌なんだよな〟と言われて一人壁にむかって給食を食べさせられたりする。子どもの世界ではよくあることだが、やさしさと残酷さの狭間で過ごさせられたりすることも多々ある。

車椅子を降りて、階段を手とお尻を使って登って行く。なぜ友だちの手を借りないのかと聞けば、いつ抱えて放り出されるかという不安を感じて、あえてみんなが行き過ぎてから、一人で登るという経験を語る子もいる。

手助けする者と、受けるものとの間に互いの思惑がぶつかりあうこともしばしばある。「仲良くしてね」という担任の言葉には、表向きは〝はーい〟という総論賛成が返ってくるが、実は教室内の各論ではものすごい葛藤が起こっていると言っても過言ではない。

対等に話せばできない部分を補い合うことも可能だろうが、子どもの世界はもっとシビアで、いじめてやろう、負けまいとする本能的なぶつかり合いになる。しかし、多数決の「正論」に負け、弱い者が自らの本心を抑えるのが常だ。本当に権利として認め合うことは、そう簡単ではないのである。

これが知的障害がある場合、また大きく様変わりする。陽気で社交的なダウン症の子どもの例を挙げて見る。世話係がいると、べったりついて一緒に行動してくれるので、学級の中でもあまり問題を起こすことはなく過ごせることが多い。体育着に着替えるようなとき、みんな着せ替え人形のようにしてあげてしまう。靴も履かせてもらうし、自分は立っているだけでいい。しかし、先生から集まるのが遅いと言われれば、世話係が注意されることになり、その子の自尊心に傷がつく。また先生から「自分でさせるように」とも言われると、お手伝い係が「監督」「管理係」になってしまい小さなもう一人の先生が生まれ、〝早くしなさいよ〟、〝また私が怒られるんだから〟と注意し、せかす側になり少しずつかかわりが変わっていく。ときにその気持ちが行き過ぎて、いじめに発展することもあるが、問題が発覚するには時間がかかる。少々陰でつねられても、仲良くしてもらっている、助けてもらっている思いから、告げ口もせずついて行くことが多いからだ。

宿題やドリルなどできた順に並んで赤丸をもらうことがあるが、みんなに割り込まれて、ビリにさせられてしまう。一人になると、ノートをひらひらさせて悦に入ってしまうこともある。「言うことを聞かない子」「勝手な子」と言われて、本人の代名詞にさせられてしまう。対話ができない、みんなと同じ行動ができないと、友だちというより別格扱いの問題児にさせられ一人はじき出されてしまう。その違和感は子ども同士にもうずまいており、何かをやらせようとすると反発することもあり、噛みついたり逃げて行ったりする。せめてもの抵抗なのだが、真の問題解決には至らない。

できないことを要求され、子どもは混乱してしまう。周りの子にとっては何でもないことなのに強要されれば、身の置き所もなく傷つく。「馬鹿」とか「のろま」などバカにされれば、決して心を開かなくさえなってしまうこともある。これでは寄り添うことなどできなくなる。

「仲良く」「やさしく」という徳目一つとっても、簡単に身に着くとは思えない。これらは道徳というより人としてのあり様であり、日常生活の中で繰り返し互いにかかわり合い、試行錯誤して積み上げられ、人としてどうあるべきかを学ぶものだろう。

何といってもまず「本人がどうしたいのか?」を理解することが大切だ。それに合わせて力を貸すのが大切で、自分勝手に良かれと思ってやることは子どもの自主性を損ねてしまう。失敗しても繰り返しやって、できることを増やし、自信に繋げて行くことが望まれる。これも関わり合いながら学ぶのである。

「いじめ対策」の名目で道徳指導の強化を叫ぶ声が高まり、中央教育審議会は平成三〇年から小学校、三一年には中学校で、特別の教科（道徳）を設け、検定教科書を使用して「公正」「誠実」などの徳目等を内容として指導することを決めた。数値評点はなじまないが、記述式で評価をするという。

成長過程にある揺れ動く心にどう向き合い、どう心情を育てて行こうとするのか？　その心をどう評価するのか？　考えると恐ろしくなるような内容である。もし「徳目通り考えろ」となれば、思想を強制することにもなる。そのとき、少数の意見や反対意見はどうなるのか？　考え方や感じ方一つひとつに個人としての願いがあっても、多数に押し切られるとしたら、弱い者や障害者はどうなる？　消されて当たり前なのか？　これでは人権を否定するも同じなのではないのか？

努力する者は報われると言う。しかし、条件が整わなければ努力できない障害者や子どもはどうなる？　力を借りなければ生きられない障害者は、その範疇には入らないのか？　それならばどう生きればいいのか悩むこの頃である。

（二〇一五・一一・二〇掲載）

8　道徳の教科で子どもの心をどう評価しようとするのか？
――障害児の心をどう解こうとしているのか

今まで道徳の授業は教科ではなく教育活動全体で教え、副読本などを参考にして進められてきたが、一言で言えば生ぬるかったらしい。

「戦後民主化の波に押されて、権利と自由だけが主張され、義務と責任がおざなりにされている」「いじめなどどこの社会にもあること。いじめに対する耐性も必要ではないか」

これは、内閣の「教育改革」司令塔として発足した教育再生実行会議（二〇一三・一・二四初会合）で、有識者の審議員から出された発言のひとコマである。その後、この会が中核になって、教育改革に本腰を入れるよう、多くの提言がなされた。

①いじめ対策の名で、道徳の教科化と罰則を強化する。
②自治体首長の権限を強化し、教育委員会の施策を充実させる。
③大学の学長の権限を強化し、産業界に貢献する大学を再編していく。
④高校から大学入学選抜を始め、グローバルに活躍できる人材育成を図る。

等々、愛国心や規範意識を育て、統制と国民統合を図って行くとしている。

そして文部科学省の諮問機関、中央教育審議会は二〇一四年八月、小中学校の「道徳」の教科への格上げをし、「特別な教科」と位置付け、指導する徳目のキーワードを例示し（正直、誠実、公平、正義、友情、生命尊重等）、二〇一五年から段階的に教科に移行する。そして、いじめやネット上の情報モラル、生命倫理などの現代的課題の扱いを充実させて、「主体的に考え、自らの生き方に活かすため、子ども同士が話し合ったり、考えたりする課題解決型の指導を進める」ことを提言した。さらに検定教科書を導入するに伴い、二〇一七年検定教科書の作成に着手する。

以上が、道徳が教科として、教科書を用いて指導するようになった経緯だが、障害児を指導してきた者として多くの疑問と問題点があることが分かった。

(1)よい子を演ずる子は、本当に道徳性の高い子なのか?

「障害児に親切にしよう」とクラスで話し合い、雰囲気の明るい(?)クラスで起きた出来事を例として挙げたい。

計算のできた順に先生に見せにいくとき、障害児の答えを見て、「お前、できてないじゃないか」と並んだ列を追い出す。それでも入ろうとすると、太ももをつねって追い出す。周りの子ももちろん先生も見ていない死角でやられる。うまく話せないから、訴えもできない。やむなく一番後ろにポツンと並んでいる。この子の心を察する雰囲気にはならない。先生の見ているところではやさしく教えていて評価は高いが、何度教えても覚えないと、「こいつ、正真正銘の馬鹿だぜ」と浴びせるようになじる。いじめが水面下に沈む結果になる。

(2)多数決の時代、少数の意見が無視されることもしばしば起こる

障害児がパニックを起こすこともある。自分で処理できなくて受けきれない問題に直面したときに起こすのだが、その行動にもパターンがあり、物に当たったり、跳びはねたり、大声をあげたり、時には噛みつくこともある。自分では抑えきれないことがほとんどである。

しかしクラスの中では「暴力はいけない」「相手のことを考えて反省する」などの目標が決められているため、生徒間で評点をつけ合うといつもパニックを起こす子は当然、最下位になる。良いと思う人〇《マル》、いけないと思う人×《バツ》という二者択一で決を採ることが多い。障害児は一

度も○《マル》になったことがない。走るのも遅い、注意しても聞かない、「やさしく」と言われてはいるが、集団行動がとれない障害児はいつも議論も採決もかやの外。「みんなで決めたんだから、やらないほうが悪い。やろうとしないのはもっと悪い」と決めつけられてしまう。「できる」「できない」で評価される社会では障害児の思いに心を寄せようとする者はいない。不登校になったり反発する子になり、「しょうがない子」として、埋没させられてしまう。障害児だって自分が疎外されていることは感じており、それでも仲間にしてほしいと願って、その場にいるのである。

しかし、この集団のモラルは偏っていないだろうか？　いじめの恰好の材料にさせられ、特別支援学級に行かされる羽目にもなる。その子に寄り添う子がいると、その子まで「いい子ぶる」「点数稼ぎ」と見られて、孤立させられ、物言わぬほうが得といった風潮に支配されてしまう。

（3）重い障害児の指導では、子どもが自分で気づき動き出せるように、呼吸を整えたり、体の動きを補助していくことが指導の核になっている。話せなくても、何かをしてほしいときには、視線を向けたり、体を緊張させたりしてサインを送る。ぴったり合うと笑みがかえってくる。歌を口ずさむと、じっと聴いている。止めると目を見合わせる。歌ってほしいサインを見せる。歌どんな小さなサインでも自分から発したものであることに違いはない。それをつなぎ積み上げ、目、手、息などを総動員して、体全体でサインをだしていく。体全部で感じ、受けとめようとしているのである。

しかし、このサイクルは通常の学級のサイクルとは合わない。しかし、重症児の語り、サイン、喜びを一人でも多くの子に知らせ、その子を巻き込むことができれば、共に同じフロアにいるだけで、共通の空気を学びとれるはず。寄り添う心が本当のやさしさや道徳心を育てていく。重い障害児にかかわり、共に育つところに道徳の本当の役割が発揮されるのだろう。

(4)「私も仲間に入れて！　何事も私を抜きにして決めないでほしい」。障害者のみんなの願いは、この言葉に集約されるかもしれない。「できない子」「分からない子」として別枠に入れられ、良かれと思って周りの子が本人の代わりに何でもしてやることがよくある。しかし、遠回りしても、時間が少々かかっても願いを聞いてほしいと一番思っているのは障害児です。分からないこともあるが、何も考えていないわけではけっしてない。何事にも一緒にかかわり合って、みんなと一緒の雰囲気の中にいたいし、それを分かってほしいと思っている。それを受け止められる器を持った社会になってほしい。

(5)アクティブ・ラーニング（能動的、協働的に学習し合う）

道徳は従来のように読む・聞くなど受動的に進めるのではなく、自分から話し、発表し、体験して、自分を見つめ直し、主体的に考える力をつけようという狙いを取り入れて行こうとしている。しかし、実際の授業では法を守り、公共の福祉が優先されるなどの指導の枠組みがあり、自主的・創造的へと止揚できない点は今後の対策が待たれる。

(6)現代にも通用する徳目があるとして、教育勅語を教材として扱うことは構わないという発言が昨今、見聞される。

首相も防衛大臣も文科省も異口同音に同主張を口にしています。しかし、教育勅語の中にある「夫婦相和し」の言葉一つを取ってみても、勅語の本当の意味は「夫婦仲良く」というだけのものではなく、「妻は夫に従い、貞節を守り、苦楽を共にしなさい」を含意していると解説書にある。教育勅語を教えていた戦前において女性には参政権もなく、妻は夫の従属物で、男には認められていた個人としての人権もなかった。それを今、教えてもいいのだろうか？　これを今後の指導教材として使っても不問にするとは、時代錯誤も甚だしい。

（7）昔から「嘘は泥棒の始まり」という教えがある。重い障害を持つ子どもたちは嘘が言えない。人をごまかしたり詭弁を弄したりしない。

口は方便とも禍のもととも言います。しかしそれを語った人は、道徳を語る資格があるのでしょうか？　命がけで懸命にコミュニケーションしている障害児に学んでみてはいかがですか？

（二〇一七・四・二〇掲載）

第五章　痛ましい事件から

1　寄り添うとは何だろう？
——子どもの気持ちを大切にし、心から笑い合える関係作りをすること

二〇一五年の七月五日、中学二年のM君（一三歳）が電車にはねられて死亡した事故があった（経過から見ると、事故と言うより自分で電車に飛び込んで自殺したと、本人の「生活記録ノート」から思える）。この事件はいじめに耐えきれず、SOSを出していたにも拘わらず、何故救えなかったか多くの疑問を残している。

毎日担任と交わした「ノート」には、「殴られたり、首を絞められたり、悪口をいわれた」こと、「体操着や教科書を隠されたり」「何回も死ねっていわれたり」のいじめがあったことを細かに書き綴っている。

面と向かって抵抗しないことをいいことに、人目につかない所で、つねったり、通りすがりに肩をぶっつけたり、あっかんべーをされたりすることが日常的にあったことが記述されている。気が小さ

いから、先生には告げ口はしないだろうと高を括り、水面下でのいじめが続いていた様子がうかがえる。

その担任との「生活記録ノート」の一部を拾ってみる。

・二〇一五年五月三日

ぼくだってがんばっているのに、ぜんぜん気にされないし、ずっと暴力、ずっとずっとずっと悪口、やめてっていってもやめないいし、もう学校やすみたい、そろそろ休みたい、氏（死）にたい。

（担任もコメント）予行で（練習・引用者注）いろいろ言われたのですね、全体にも言おうと思います。失敗した人を責めないように。

・二〇一五年六月三日

先生がたはしらないでしょう、ボクは〇〇とけんかになりました。もうたえられません。

（担任のコメントなし）

・二〇一五年六月四日

体はつかれはて、思うとおりにうごかなくなりました。学校には行けませんでした。金曜日は行こうとおもいます。

（担任のコメント）トラブルはもう大丈夫かな、何かあったか、このノートに書いて見て。

・二〇一五年六月八日

実はボクさんざんいままでくるしんでたんですよ？　なぐられたり、けられたり、首をしめられたり、こちょがされたり、悪口いわれたり！　その分を（全ぶだしてないけど）ちょっと放ったんですよ。

（担任のコメント）そんなことが、あったの？？　それは大変、いつ？？　解決したの？

・二〇一五年六月二八日
ここだけの話、ぜったいだれにも言わないでください。もう生きるのにつかれてきたような気がします。氏（死）んでいいですか？（たぶん、さいきんおきるかな。）
（担任コメント）どうしたの？　テストのことが心配？　クラブ？　クラス？　元気を出して
生活しよう、君の笑顔は私の笑顔の源。

・二〇一五年六月二九日
ボクがいつ消えるかわかりません、ですが先生からたくさん希望をもらいました。感謝しています。もうすこしがんばってみます。ただもう市（死）ぬ場所はきまっているんですけどね、まあいいか。
（担任のコメント）明日からの研修、たのしみにしましょうね。

このSOSと担任の受け取りを検証すると、問題を共有しようとする姿勢の欠如が、二人の距離をかけ離れたものにしてしまったと言える。親にも心配かけまいと考えてか、学校は休まず登校するが、針のむしろに座っているように身の置き所がなかった様子が想像される。

文科省が二〇一三年いじめ防止対策推進法の規定を出し、この学校もそれに沿って「いじめ防止基本方針」を策定済みだったと伝えられるが、どこまで実際の指導の中に活かされたのか。担任のコメントをみると著しく疑問視される。心のアンケートなども調べられ、いじめ撲滅が唱えられ、いじめの報告がなされたとも聞く。そこに書かれていたことはうわべにすぎず、みんな互いに関わり合うことを避けるように、見て見ぬふり的な答えになっていたのではないかと思われる。

「生徒の心に寄り添う」。言葉では言えるがどこまで実践されたのか? 面談も予定されていたが、まだ順番が来なかったとも言われ、その危機感の希薄さが明らかになったようであった。

M君はみんなと仲間でいたかった。しかし、ちょっとした気持ちの弱さや言葉の行き違いや一歩遅れた動きなどから、からかうと面白いと、みんなからターゲットにされてしまった。

誰かが分かってくれるのではないかと期待しただろう。味方になってかばってくれたり、手を貸してくれる者はいなかったのだろうか。ただ一つ担任との生活記録ノートが最後の砦だったのかもしれない。冗談で死を考える子はいない。誰も振り向いても、聞いてもくれない。もう人に期待するのを止め、「死ね」と言われるままに死を選んだとも考えられる。

担任はどんなに忙しいとしても、放課後、帰宅後、夜、時間を作れないことはない。電話はよくしたとも報告書に書いてあったが、顔を見ないで話す内容はコメント以上の関わり合いはとれないはず。寄り添うということは、顔を見合わせて、心を読み取り、心に訴え、悩みあう者同士の共感をつくっていくことだろうと思う。

私は長年、障害児の指導に当たったが、その中で、子どもに寄り添うことを毎日の課題にしてきた。

脳性マヒで筋緊張の強い子どもは、手を跳ね上げ、首をそらせて返事をしたり、突然の動作を伴う身体反応を示すことがある。全身の筋肉を突っ張らせ、声もうまく出せず、息することさえ苦しい状態の子もいる。それでも何とか自分の思いを伝えようとしている。あぐら位の中に緊張を緩めて座らせると、呼吸もおだやかになり、視線も、体位も治まる。そっと緊張の強い所に手を当てていけばなおゆったりしてくる。学習する基本の姿勢がやっと取れ、声がでたり、手がゆっくり上がったりする。顔を見合わせてうなずきもする。それは食事のときも同じで、おなかと顎や首回りに手を当て、ゆっくりスプーンを持つように支えると、ときには一人で口まで運ぶことができたりする。子どもが身構えないで、体を任せる関係づくりができれば、子どもの笑顔も生まれる。

リクライニングの車椅子に身体をバンドで固定された格好で登校する子もいる。背中を車椅子の背もたれに押しつけて、首や姿勢を保っている。私が「おはよう」とあいさつしながら、手の平を背中に滑り込ませると、大きく息を吐いて呼吸を深くしてくれる。大きく息を取り込むと誰だってリラックスする。そんなとき、にこっと笑って、挨拶してくれると心が通ったことが実感できて嬉しくなる。それは障害のない子も同じである。子どもと同じ目線と姿勢で、小さい声でも届くすぐ側で、その子の思いを聞き取る。話への評価や常識的な答えは持ち出さない、そして他の子と比べないなど何でも話せる雰囲気作りに努める。そして互いにやることを確かめ合う。時には二人だけの秘密になるかもしれない。それでも、その信頼関係が新たな一歩を見守ってくれると勇気が持てるようになればいい。こんなことを繰り返しながら、話をし、確かめ合うことが大切なのではないかと思う。

生まれながら脳に何らかの機能障害あるとされる学習障害児なども、格好のいじめの対象になりやすい。意思の疎通の苦手な自閉症児（こだわりがあったり、突然大きな声を出したり、パニックを起こしたりすることがある）、読み書きや、数の理解などが難しかったりする学習障害児（ＬＤ）、落ち着かない注意欠陥多動性障害（ＡＤＨＤ）という障害を持つ子もいる。またアスペルガー症候群などのように、数や形、記憶などに優れた力を持ちながら、社会性に無頓着といったアンバランスな面を見せる子、また知的障害を持つ子など、何らかの特別な手立てを必要とする子どもたちもいじめのターゲットになりやすい。

誰もが障害を持ちながら生活の自立を図り、いろいろな機器を利用しながら学習を積み上げ、みんなと同じフロアで行動し、交流し、社会参加を進めようとしている。その努力を認め合いながら、互いに励まし合って行くことが必要だ。

ところが跳びはねたり、急に飛び出したりするものだから、「あいつは変だ」とか、「正真正銘の馬鹿だぜ！」とその行動を受け入れず、囃し立て、誇大に吹聴したりして笑いものにしてしまうことが多い。それが高じると、言われたほうは言葉で返せないので、体当たりをしたり、噛みついたりしてうっぷんを晴らすことも起き、もっと心の通い合いが難しくなっていったりする。障害を分かろうとしないで障害をまねたり、さらし者にしたりすることは許されないことだ。障害の有無に関係なく、どんな人間も平等に人として認め、互いに分かり合える寄り添い方を育み、居場所を作って共に学び合うことが望まれる。

死、それは無に追いやることだ。これほど悲しく、さびしいことはない。歯を食いしばり頭を空白にして、電車に飛び込んで行ったのかもしれない。そうさせた責任を他人事にしてはいけない。

（二〇一五・八・二〇掲載）

2 相模原の障害者施設で起きた殺傷事件――他人事《ひとごと》ではない事件

痛ましい事件が二〇一六年七月二六日の夜、起きました。一九六四年に開設された相模原市にある知的障害者施設「津久井やまゆり園」（一五七名在園）で、この施設の職員だった男（二六歳）が夜中にハンマーで窓を割って侵入し、当直の職員を結束バンドで縛り動けないようにして、就寝中の重症の障害者を刃物で刺し、一九人を刺殺（ほとんどの方が首を刺され失血死）、二六人に傷害を負わせた残忍極まりない事件でした。病院に搬送され、命を取り留めた方の多くは、もう園には戻りたくないと訴えていると言います。

どうしてこんな恐ろしい事件を起こしたのか？　その背景に何があったのか？　私たちは、この事件をどう受け止めればいいのか戸惑いました。

加害者の男は三年間この施設で指導員として入居者と起居を共にして、生活介護を生業にしてきました。それなのにどうして命を奪うところまで考えるようになったのか。毎日、身辺の介護をし、自立を支え、励ましてきていたはずなのに、友だちからも同年二月までは、「いいやつで、ひょうきんで、やさしい」と言われていたのに。事例報告や、夜勤明けの引き継ぎでも、一人ひとりについて様子を細かに伝え共有し合って、次のステップに繋げてきたのではないか。職員同士の会合や、地域との交流の場では、入居者の思いに寄り添い、自立や自活への支援を核にして自分から参加してきたのではなかったのか。話せない人のサインを読み取り、代弁するなど毎日の日課にしてきたのではなかったのか。苦言を呈してくれる心許す友だちはいなかったのか。もし彼が思い信ずることがあって相いれなかったとしても、三年の月日は長いし、察知して体を張って食い止めるような周りの動きがあって然るべきなのに見えてこないのは残念であり、憤りさえ覚える。

そして今年二月、彼の信条が明らかになる事態が起きた。「障害者が生きているのは無駄だ」と書いたビラを施設の近くで撒き、「保護者の同意を得て安楽死させるように求める」手紙を衆議院議長公邸に持参していた。事件後、警察の取り調べの中で、「障害者の安楽死を国が認めてくれないので、自分がやるしかない」と犯行に及んだと言う。さらに、「障害者をなくすことが日本国と世界のため。障害者は不幸を作ることにしかならない」と、障害者を社会の邪魔者扱いにする差別と偏見を持ち、その存在すら認めず、むしろ憎悪と敵意を示し、ヘイトクライム（憎悪犯罪）にまで突き進んだと思える。

このビラや書状が出され市や園が対策を立てざるを得なく追い込まれ、他人を傷つける恐れがあるとして、精神保健福祉法を盾に北里大学東病院に緊急措置入院が取られ失職（退職）もしたという。大麻の吸引も明らかになり、入院中「ヒットラーの思想が二週間前に降りてきた」と口にし、命に優劣をつける優生思想に傾いて行ったとの指摘もされている。しかし今なお、謝罪は一切していないところからも信条のかたくなさは十分に窺えるが、まだ供述が不明のため犯行の真意も分からない。

福島智氏（東京大学教授、九歳で失明、一八歳で聴力を失った方）は次のような意図のコメントを発信していた。

「差別を理由とする憎悪犯罪（ヘイトクライム）と命に優劣をつける優生思想、さらに薬物の影響、おぞましさと不可解さの元凶を見極め、複雑な図式を解き明かさねばならない。一人による極めて稀な犯罪と見れば、不運な出来事とも捉えられるが、この事件がはらむ闇の本質は探れない。ある種の普遍性や社会の病理が背景にあると考えれば、誰の心にも潜む差別心と私たちは真剣に向き合わねばならない。労働能力と経済的価値で人が序列化される格差社会。その中で人は孤立と不安を他者への敵意にすり替えてしまう。互いの心を壊し合うような『負の罠』に私たちは絡め捕られてはいないだろうか、命を奪われた一九人の魂に報いるためにも、社会の崩壊を防ぐためにもお互いの壊れそうな心を支え合わねばならない」と事件について分析している。

「全国手をつなぐ育成会」の久保会長さんのコメント。

「たった一人の凶行で、共生社会への歩みに水を差された。怖い、家から出たくないとの声が寄せられているが、障害者なんてなくなればいいという発想を断ち切るにはプラス思考でいくしかない。長男は重度の知的障害がある。しかし、感情があり、懸命に生きている。彼は周りの人に多くのことを気付かせてくれる存在。それが障害者福祉や介護の礎になってきた。そしてみんなの中で暮らして当然と言う理解を共に深めていってほしい」

と語っていられる。

この事件の本質が解明され、差別のない共生社会に向けて歩み出すためには、まだまだ根深い課題がある。優生学的政策は十数万人ものユダヤ人、障害者をガス室に送ったナチスに限ったことではない。昔から、遺伝子の研究の中で、劣等な者を減らし、優秀な子孫を増やすことにより、民族全体の体質を向上させようとする考えがあり、家畜の改良にも農作物の品種改良にも応用され、推し進められてきた。そして人類にも応用可能ではないかと夢想され、それがさまざまに形を変え出生前診断や不妊手術、中絶などにも影響を及ぼしている。法的にも国民優生法（一九四〇年のハンセン氏病、精神病者の不妊や隔離）が見直され、一九九六年、母体保護法と改正されたものの共同体の負担を軽減していく意図に基づく面で形を変えて優生思想は受け継がれている。それは効率至上の現在の新自由主義の人間観にも結びつくとも言える。

戦時下、国民総動員の中で、障害者は「ごくつぶし」「役立たず」といわれ、座敷牢に隔離・幽閉されるなど、存在をひた隠しにされてきた時代があった。この封建的風潮は、戦争が終わり、人は法の前に平等で、自由と生活権を持つと規定する新しい憲法がつくられた後も続く。差別をなくしてほしいと訴えれば、「何様のつもりだ」と、しっぺ返しが来る。しかし、そんな中でも根強い運動を通し、バリアをなくし住み良い街づくり、生活づくりが進められてきたのも事実だ。国も二〇〇五年に障害者自立支援法、二〇一三年に障害者総合支援法、障害者差別解消法と作ってきたが、障害のある人に必要なサービスを「受益」と見なして自己負担を求めることを押し通してきた（障害者とその団体は収入のない者に自己負担を強いることは生存権を奪うものとして、提訴。その結果、二〇一〇政府と基本合意に達したにもかかわらず、政府は「受益」という考え方は放棄しなかった）。

「障害者は金のかかる人たち」という考え方が依然として残っており、その後も障害者福祉だけでなく、社会保障全般もじりじり後退させられている。こんな中で無意識に「障害者はいらない」という考え方に結びついて行っているのではないかと思われてならない。さらに高齢者福祉も重荷になり、老人が多いせいで社会福祉費の増大、財政危機を招来していると煽る材料にされている。

障害者は今の生活を精いっぱい生きています。「できる」「できない」を判断基準にするのではなく、今できること、できたことを次に繋げ、楽しみに、相互のコミュニケーションに、意欲に繋げる生活を大切にしています。そこで見出した共同意識、新しいコミュニケーション技法が新たな文化になって初めて優生思想を克服し、本当の共生社会が創造されていくと思う。それは障害者全員就学、義務制、共に学ぶインクルーシブ教育によって、差別と偏見を徹底的になくし、共生社会を進めているのと同じと言えるであろう。

亡くなられた方々の名前は公表されていません。一人ひとり生まれてから今日まで、生き方、処遇のされ方に違いがあり、遺族の方々の要望もあって伏せられたものと聞いています。しかし、どこでどう生き、自分を見つめて来られたか、一人ひとり本人の思いがあったはずです。それを表に出すことなく、偏見と差別の中で苦しみ悩んできたそれらの思いを今改めて共有できないことを残念に思います。このことは本人が親からも打ち消され、「自分の存在が否定される」という、本人たちが最も嫌った事態になってしまっているのではないかと、心中を察する。一人ひとりがもっと大切にされなければ、障害者の福祉も生活もないと同じです。この点が悔やまれてならない。

もう一つ、残念でならないことがある。

彼の生い立ちの中で、親や大人や先生がどんな役割を果たして来たのだろうか。一人ひとりの人生の曲がり角で、とことん付き合い、やり直し、あるべき姿に気付かせていくべきであったろう。彼も社会の申し子で、その生き方を誤らせたとしたら、これまで彼を支え、指導してきた人の責任も問われなければならないと思う。

（二〇一六・八・二〇掲載）

3　SOS――子どもは出しているのに、周りの大人たちは気付いてくれない

二〇一六年一〇月一六日朝日新聞の朝刊「小さないのち」にこんな記事が載っていた。

「おばあちゃん、おばあちゃん！」。玄関前で当時四歳の女の子のなっちゃんが呼び続けている。祖母は「自分の家から七キロもある道を一人で歩いてきたのか？」と驚いて迎え入れた。

なっちゃんは二歳のとき、実母を病気で亡くし、しばらくこの祖父母に預けられていたが、父の再婚を機に父と継母のもとで暮らすようになっていた。

なっちゃんは叩かれた後のあざをつけて幼稚園に通っていた。園では虐待があるかもと児童相談所に相談。一時施設に保護したが、一カ月ほどで自宅に戻した。預かり時間の長い保育所に通わせて、継母の育児の負担を軽くし、見守ることになったが、保育所でも顔などのあざや傷は消えなかった。それに気付いてはいたが、日常起こるけがとして、市の保健所や児童相談所に伝えるなどの手立ては取らなかった。そして、その年の一一月なっちゃんは自宅で倒れ、病院に運ばれ、五日後に亡くなった。五年三カ月の命だった。死因は急性硬膜下血腫による脳機能障害。継母は暴力を否定したが、裁判で頭に強い衝撃を加える暴力があったと認定された。

何も言わないけど、あざはなっちゃんのSOS。新しいあざが増えるたびに、「助けて!」と幼稚園や保育園の人たちに訴えていたのかもしれない。「どうしたの?」と聞いても、「母さんにぶたれたの」とは言わなかったかもしれない、母さんを悪く言えないし、言ったところで誰がどうしてくれるかなど考えもできない。ぶたれてもやはり母さんは、食べさせてくれるただ一人の身内。「誰にも言うな」と命じてられているわけではないが、「助けて」と言う知恵も思いつかない幼子であったと思われる。

周りが危機感を持ったら、送り迎えの様子、母と子の触れ合う姿を見、どう手立てを取るか慎重に考え合うことができたのではないか。母との接触の仕方をあの手この手で探り、実態をつかむようなうちうちの話合いができなかったのか。検証を求めても親権を持つ父母の考えや意見が優先され、何も言えなかったのかもしれない。子どものSOS(あざ)を持ち出すこともできないなどのしがらみが、検証や報告を引きだせなくしていたかもしれない。

叩く母に泣く子どもの声が届けば一番いいのだが、叩き始めた母の側の〝どうして分かんないの〟〝どうして母さんの言うことが聞けないの〟という初めの思いから、「この子なんかいなくてもいい」といった思いに駆られるまで、一日一日追い詰められたとも言える。なっちゃんはたび重なる叱責や痛みから何とか逃れようとしておばあさんの所へ行こうとしたのかもしれない。

七キロの道のりを四歳の子がどう覚えていたのか。「おばあちゃん!」と叫び、出迎えたおばあちゃんにすがりつき頭を埋めた姿を思うといたたまれない思いになる。なっちゃんのSOSはもっと前から出ていたことは予想されるが、命の危機と受けとめてくれる人はいなかったことがなんとも悲しい。

他にも生後七カ月の男の子が食事を与えられず、育児もネグレクトされ、亡くなった例も記事に書いてあった。赤ちゃんの泣き声は赤ちゃんの呼吸のようなものである。痛いとか悲しいとかに関わりなく自分の存在を示すものだ。〝赤ちゃんが泣かない〟のはSOSと捉えてほしいが、他人事に関わりたくないという世情も、親を孤独にさせていったのではないだろうか。

乳幼児健診や、三歳時検診なども子どもの暮らしを知る手掛かりの一つである。医者も検診を呼びかけるだろうし近所のママ友も日常の会話で伝え合うし、市の広報などでも知らされている。それにもかかわらず受けに来ない場合がある。何とか調べあげて家庭訪問などをして、実生活に介入する方法もある。しかし訪ねても、子どもに会わせてもらえず、口頭で「保健所に来てください。赤ちゃんの健康状態や病気などの確かめにもなるのですから」と伝達だけに終わってしまう。赤ちゃんに会わせない――それは回り回って赤ちゃんからのSOSなのである。

二〇一六年一〇月一七日には同連載「小さないのち二」に次のような記事が載っていた。

「この子をこのまま置いておくわけにはいかない」。不機嫌になっていく交際相手の男性を見て、二四歳の母親はそんな気持ちになっていた。三歳の一人娘は元夫の子ども、同居を始めた男性は徐々に娘の存在をうるさがるようになっていた。この朝も、不機嫌になってトイレに閉じこもるとドアを蹴って壊した。夕方、保育所に娘を迎えに行った後、まっすぐに帰宅せず、実家の母に預かってもらおうとしたが、風邪ぎみでできず、夜八時頃帰宅。食器を片づけようと台所に立ったが、泣き出す娘に男性が、眉間にしわを寄せ、大きくため息をつくのを見て、あやすのを口実に娘とアパートを出た。

ネットで施設を探したが、見つからない。「この子がいなくなるしかない」とも思い始めていた。午後一〇時過ぎ、近くの川に架かる橋の側に車を止め、娘を両腕に抱いて、橋の欄干に立たせた。車が通るたびに娘を降ろす。三度目、娘を宙に浮かせるようにしてみた。川面からの高さは四メートル以上。娘はにこっとして突然〝バイバイ〟。そのとき手を離した。ドボンという音が聞こえたが夢中で車で走り去った。翌日、橋の約一キロ下流で女の子の遺体が見つかった。三歳の誕生日を迎えたばかりだった。

女性は二一歳で娘を出産したが、夫の家庭内暴力もあり離婚。その後、アルバイト先の相談相手であった男性と同居。娘には発達に不安があり、周りの子より遅く歩きはじめ、言葉もなかなか出ず、ぜんそくなどの病気もあった。育児のストレスが次第に募り、相談に駆け回った。そんな相談中に娘が保育所で発熱し、すぐ迎えに来るようにと電話があり、「もう無理」と泣きじゃくり電話を切った。この引き取り拒否の一カ月後に事件は起きた。女性は懲役九年の判決が出て、現在は服役中である。「バイバイ」は何を語ったのか？　子どもは親を信じきり、その一瞬を共有するかのように語ったのか？　悔やまれてならない。

障害児はいつも母親と一心同体。親の迷いが子どものすべてを左右してしまう。しかし、子どもの存在を消すことは絶対に許されないし、あまりにも大きく、あまりにも悲しい罪である。

そうならないために、生きる力を育み、生きる希望をみんなで共有し合って行かなければならない。

「肺に空気が入って行かないよう」と父の腕の中で眠るように逝った筋ジスの青年は、純粋に命を見つめ生きることの尊さを示していたのではなかったか。また、卒業式の翌日、起きてこない息子を看取った母親は、精いっぱい生きたんだねと、命を全うしたことを涙ながらに話してくれた。

誰にも終わりはある。精いっぱい生きた証の命でありたい。


（二〇一六・一〇・二〇掲載）

4 誰とでも、今まで通り同じに接していこう——症状に目を奪われ、その人と正面から向き合えなくなったら、もうおしまい

今回は認知症になった人の例から心の内を覗いてみようと思う。

認知症は、まずもの忘れから始まり、名前が思い出せなかったり、今何をしに立ったのか、今したいことを忘れたりして、思わぬ事件や事故を起こしそうになったりすることが多くなってくる。コンロに火がついていることを忘れたり、一年にいくつもの鍋を焦がしてしまい火事寸前にまでなれば、とても一人で炊事もさせられなくなる。ずっと主婦の仕事をし続け、家事一切切り盛りしてきたので、本人はできるつもりで買い出しから調理等を始めるが、一つの作業をやり始める先から、すぐに次のことに気取られ、掛けておいた鍋のことを忘れ、家族は任せておけなくなる。

買い物に出れば、帰り道が分からなくなり、迷子になることも起こる。歩いている所がどこか見当がつかなくなり、思い出しながら歩くが、全く違った所を行ったり来たりしてしまう。誰かに道を尋ねる余裕も聞くことばも見つからず、一人で困惑してしまう。買い物も何をどこで買うかが順序だてて思い出せず、店で思い当ったものをあれもこれもと余分に買ったりすることも起こる。

警察に捜索願が出されたり、最悪の場合、行方不明になることもある（これまでも一万人余の方が行方不明のままとされている）。考えるほど「人騒がせな」と思われてしまうだろうが、これは地域や国として考えなければならない深刻な社会問題である。

一〇年前、愛知県でデイケアから帰宅した認知症の男性（九一歳）が一瞬の隙に家を出て、駅の改札を擦り抜け、電車に乗って移動。途中電車を降り、プラットホーム側の階段から線路に降り、そこに入ってきた列車にはねられて死亡するという事件が起きた。どこへ行こうとしたのか、何を急いでいたのか、本人が亡くなっては確認することもできない。JR東海はこの死亡事故で電車が止まり、振り替え輸送などにより損害を遺族に監督責任があるとして、七二〇万円の賠償を求める裁判に発展してしまった。

地裁、高裁、最高裁まで争われる大きな社会問題にまで発展。徘徊でどのような行動を取るか予測することは難しい。しかし、徘徊行為が他の財産侵害を起こす事態も危険性もあるとも指摘され、介護する側の監督責任もあるとさまざまな論議が交わされた。JR側の警備不備と責任相殺で和解などの動きもあったが、結局、これまで家族（妻と長男）が父の介護に腐心し、専門の介護職員との連携、努力がずっと続けられてきた実際も考慮され、介護責任を果たしていないとは言えないとしてJR東海の訴えが退けられ結審した（二〇一六年三月一日）。

もし最高裁が賠償を認めていたら、認知症の人の介護にあたる家族や専門職の人たちは、介護を続けられなくなる。徘徊するような人は外出しては駄目、家や施設に閉じ込めておきなさいとなりかねない。徘徊する人について「目的もなく、うろうろ歩き回る人」と辞書には説明があるが、認知症の人は理由なく外出しているわけではない。外出した後に行き先を忘れてしまったり、帰り道が分からなくなったりしているだけで、徘徊とは異なるとさえ言える。兵庫県では「認知症高齢者等の見守りSOSネットワーク」の手引書の中で、「徘徊」の文字を使わないことにした。そして自由に散歩できる街づくりをして行こうと取り組みを始めている。

閉じ込めは反発を生み、認知症の人の人権否定にも繋がる。介護者が〝牢獄の看守〟となってはケアの未来は閉ざされる。二〇一五年一月、認知症施策の国家戦略「新オレンジプラン」が策定された。住み慣れた地域で自分らしく暮らせる社会を実現し、誰にとってもやさしい社会を創ろうという取り組みが始められた。また、スマホに内臓されたGPS機能（起動させるだけで、現在地が分かる）を使い、すぐに迎えに行ける態勢も考えられている。

認知症になったらある程度は甘受せざるを得ないといった思いもないわけではない。実際、認知症は脳細胞が徐々に失われて、脳の働きが悪くなっていくことが原因である。その結果、時間や場所が分からず、人間関係を中心とした記憶障害が生活を難しくしていることも事実である。認知症にもいろいろなタイプがあり、特性に対する介護の違いもある。

（1）アルツハイマー型認知症（統計によると全体の五〇％余）

脳の細胞が壊れ、神経伝達が徐々に衰えることによると言われ、記憶障害、見当識障害（日時、場所、方向感覚が失われる）、判断力の障害（推理し、順序だてて行動ができない）、失語、失認、失行などの高次脳機能障害が徐々に現われてくる。そして実際、徘徊、弄便（便をもてあそぶ）、失禁、異食、妄想、うつ、暴力、帰宅願望など行為を自分の意思に反して起こしてしまう。

（2）レピー小体型認知症（全体の二〇％）

記憶障害を中心としたアルツハイマー型と違い、レピー小体というたんぱく質の塊が脳や末梢神経に溜まって起こると言われている。実際は視知覚障害、注意障害がまだらに起き、自律神経が作用する便秘・頻尿・発汗があり、また立ち上がる時などに貧血、血圧の変動が見られ、また実際にないものが見える幻視（幻覚）があったり睡眠時に声をあげたり、体のこわばりがあり、パーキンソン病に類似した歩き方をし、転びやすくなることがあると言う。

（3）前頭側頭型認知症

前頭葉が委縮して起こると言われている。初期には物忘れも目立たず、認知症も気付きにくいが、自分の感情が抑えきれず、理性的に振る舞えないとか、他人の気持ちを推し量ったりする脳の機能が低下し、万引きなどの触法行為や過食、人格の変化を思わせるような行動をとることがある。以前、漬物二点を持ち去ったとして、万引きで現行犯逮捕された人がいたが、公判で精神鑑定があり、前頭側頭型認知症と診断され心神喪失状態が認められ、無罪になったことがある。

その他、認知症が疑われる脳の病気は七〇以上あり、その症状も多岐にわたり、原因も特定できないことも多い。生活全般を通して、本人の最も喜ぶ介護・治療・ケアをすることがのぞまれる。

本人が点滴の管を抜く恐れがあり、二四時間付き添いを求められたり、治療に必要なときは、身体拘束も同意を求められたりすることが起こる。目つきが変わったり、手のあざが抵抗を予想させたり、診察室に入るなり嫌々を連発して、とても治療できないと拒否されたりなどの事例も多く聞く。心休まるところがないのか、身勝手に動きまわり印象をさらに悪くし、周りからも困ったとの声が出され、社会からはじき出される結果に繋がることも起こってくる。カウンセリングの立場で本人の願いを聞き届けて行くとか、安心を取り戻す手立てを講じていかなくてはならない。

大山のぶ代さんが二〇一二年、アルツハイマー型認知症と診断されてから、夫の砂川啓介さんが心がけてきたことを、著書『娘になった妻、のぶ代へ』で話されている。

好きな曲をかけて、一緒に歌う。ハグや手を握って、触れ合う。容姿をほめる。薬を減らす。髪形などオシャレを促す。笑顔を忘れず、笑いのある対話を心がける。家族も介護以外の時間を持ち、リフレッシュする。そして講演の中で、普通の人と同じ接し方でいい、隣人・仲間・友だちでいてほしい。今までの付き合いをするのが一番とおっしゃられていた。

治療には抗精神病薬アリセプト薬が多く処方されているようである。また精神安定剤、睡眠薬、脳活性薬などの処方もあるが、それらも一時的対処療法薬でしかない。根本治療はまだないとも言われてもいる。音楽療法も効果が期待されている。昔歌った童謡は皆で歌えるので、手を叩いて歩いたり席取りなどで、リズム動作や体操を採り入れられる。数字を数えながら体を動かす、同時に二つの動作をすることによって、予防や進行を遅らせる役割が証明されている。絵や折り紙、粘土制作（視知覚訓練）、リラクゼーションのためのアロマテラピー、心理的な安定のための朗読や聞き語りなども楽しい雰囲気の中で進められている。妻である大山のぶ代さんを「娘に戻った」と砂田さんは言われているが、人は皆、歳と共に純真な幼子に帰って行くのかもしれない。幼子は体全部で思いを伝えている。そのサインに応える接し方、語りかけ方が求められているのだと思う。

このような高齢者と共に生活していれば、家庭生活のすべてが介護に関係してくると言ってもいい。だからこそ、その接し方がとっても大切になる。医者も、薬による改善は二割程度、後の残り八割は家族やホームや病院などで生活環境の改善や関わる人々の接し方にかかっているとまで言っている。誰もが心に触れ、寄り添う関係や、心地良い雰囲気は好ましいと思っている。「心は死んどらん」というのが、高齢者たちの気持ちであろう。確かに衰えた部分はあっても、生きている今の姿にすべてが投影されているとも言える。今してほしいことを察し、触れて、手を繋いで、一緒にできることをすることが大切だと思う。

警察に保護され、ばつの悪い場面でも、〝どうしたの、お母さん、けがしていない？〟など一人歩きで迷ったことには触れずに、気持ちをいつもの会話に戻せたらいいだろう。申し訳ないのは本人も承知しているだろうから、お世話になったおまわりさんにお礼言ってとその場をやり過ごせばトラウマにもならず、平常心に戻れるように思う。「一人で出歩いてはいけないよ！　分かった⁉」と、叱るように言いたくなる気持ちになってしまうかも知れない、しかし、いつもの母に戻ってもらうためにも、〝ああ、見つかって良かった。おまわりさん有り難うございました〟と母の本心を代弁しておけば、出歩くことが迷惑といった思いもなくなる。本人の心を落ち着かせ、次の動きが快くできるようにしていかなければいけない。

確かに怒ること、戒めること、反省させること等は、人前では体裁のうえで必要かも知れない。しかし、本人の心をみじめさとやるせなさに追い込むだけで、この先の生活設計には役立たないと知るべきだろう。

認知症も自分の思うようにいかない病気である。自分の努力で元に戻れるなら良いのだが、「努力の強制」という励ましが、つい非難に繋がり、本人を追い込みかねない。障害を持つ子どもの場合も同じだ。一緒に歩いてこそ安心して、心を許すことができるようになる。寄り添いながら、肌のぬくもりを感じ、どんなささいなことでも一緒にできる喜びを感じ合って行きたい。社会みんながその支えになってこそ、障害者も高齢者も安心して居場所が見つかり、再び歩み出す準備ができるのである。

（二〇一七・九・二〇掲載）

第六章　社会の目

1　子どもたちの声に耳を傾けてこそ、子どもの育ちがある――被害者の声に耳を傾けてこそ、福祉がある

二〇一一年六月二〇日の朝日新聞の夕刊にこんな記事がありました。「チッソが海に垂れ流した工場排水に含まれていた水銀が植物連鎖で魚に蓄積、その魚を食べた母親の胎内で水銀に犯された胎児、生まれながらにして水俣病を背負ったこの子は、一歳のとき脳性マヒと診断され、全身硬直して、痛みがひどく、激しいけいれんに何度も見舞われた。『助けて！　お父さん！』。体じゅうから汗を吹き出しながら、子どもは叫び続けた。膝の上に子どもを抱いて、娘の苦しみを直視するのがつらくなって、〝もう死んだ方がよかかね、楽になるから〟と話しかけた。子どもは頭を横に振った。生きていたいと、言葉で言えないが、苦しみながらも一生懸命生きようとしていた。補償でこの苦しみは報われないことも語っていた。「水俣病の公式確認から、五五年余、まだ被害の全容解明に企業も行政も積極的に向き合っていない」とも書かれていました。

同じ連載の中で、水俣病の患者さんの苦悩を書いてきた作家の石牟礼道子《いしむれみちこ》（八四歳）さんは言っています。「水俣病は普通の事故ではなく、緩慢なる毒殺です」。何とかしなければと訴え続けて来られました。「亡くなった人たちの魂が伝えようとしている遺言に向き合わなければ日本は滅びます。彼らの言葉を受け止めて立ち上がった時、今までと異なる文明が出来上がるのではないか」とその再起にかけて語っておられます。

原発事故も同じだと思います。放射能が体内の組織を壊す、白血病（血液の癌）はよく知られているが、原爆ぶらぶら病のように低線量放射線被害で起こり、しかも原爆症に認定されず、治療の保障もないことはあまり知られていない。福島の原発から出ている低い程度だが放射能を浴びることによって起こる体への影響は、今後どうなるかはまだ検証されていない。疲れやすい、だるい、などを訴えても怠けていると言われかねない。内臓に慢性の疾患が起こり、重症化することもある。数値が低いので、生活に支障はないと口にしているが、身体に放射能を浴びていることには変わりはない。

今、福島の原発事故はその危険性をいっぱい抱え、人々の命に関わる重大事に直面しているはずである。それでもなお、安全な原発を必要としていると財界も国も言う。事故で将来ある子どもたちまで巻き込んだ被害が繰り返されても良いと言っているように思えてならない。安全な原発のために人体実験を繰り返しているともいえる。

原爆小頭症と言われ、歩くこともできず、学校へも行けなかった人がたくさんいる。発症してからでは遅いのです。不幸になる前に抜本的な対策がいるのです、水俣や原爆を経験し、命がすべてに優先すると歴史は教えて来たにもかかわらず、それがないがしろにされていることに腹が立ちます。一人の苦しみを、一人ぐらいと軽く考える限り、石牟礼さんの言われた今までと異なる新しい文明はできないと思う。

二〇一一年六月一六日、障害者基本法改正案が衆議院で全会一致をもって可決されたと言う。「障害の有無によって分け隔てられることなく互いに人格と個性を尊重し合いながら、共生する社会」の実現を掲げています。障害のとらえ方も、現行の心身の状況のみの捉え方でなく、社会的障壁によって生み出されるとの定義も見直し、障害を理由とした差別禁止だけでなく、必要かつ合理的な配慮がなされなければならないとも（しない場合は差別認定）規定しました。その点では現行の基本法を一歩前進させたことは確かです。しかし、何故、障害当事者を含む会議を開かず、当事者の意見も聞かずに決めたのでしょうか。何かしてあげるんだから、いいじゃないか、という上からの目線が見え見えで、我慢がなりません。障害者自身の声を聴き案文に組み込み、可能な限りなどの曖昧な解釈の表現ではなく、徹底した差別意識の撤廃を求めたい気分です。

不満はいっぱいあります。義援金が被災者に配られました。一日も早い復興への手助けになればと集められたものです。しかし、生活保護費以上になると、生活保護費を削ると言います。何の励みになるのでしょうか。「みなさんの平等を考えて」のことだそうです。原発事故の補償費も同じと言います。何もかもなくなったのですよ。家も車も、家族も、そのうえ、ローンだけが残って、これからどう生きていったら良いのか、お先真っ暗な状態の中にいる被災者の方々です。そんなに平等にしたいのですか？　そんなら財のある人がお金を拠出し、一緒に苦難に立ち向かう政策ならまだしも、一円でもほしい人から、カットして奪い取るやり方が平等なのでしょうか。被災地の人たちが今何を考えているか、生活、仕事、子どもの教育、老いた親の介護などの要望や願いすべてに耳を傾けてもいいじゃないですか。温かい行政とはこんな悩みや願いを保障し、守っていくことではないかと思います。

学校は子ども自身が学ぶ所です。教えるという発想に立つと、「覚えない、できない」という結果のみの評価に陥りやすくなります。結果が出るのは、子ども自身が納得するからです。それは自分にしかできないことです。仲良くしようと力を合わせると、話がかみ合って、前に進めるのです。それらは全て自分が話し、行動して確かめていくからです。

教えられて学ぶのではない。教えられたことを自分で吟味し、納得して行動を起こし、積み重ねていくうちに知恵となり、考える力になり、学ぶことに繋がるのです。まず子どもの声ありきです。叫ぶ声でも、ため息でも、声を出すことが第一です。声は子どもの主張ともいえるものです。それをどう受け止め、応えるかによって次の声の出し方が違ってきます。重症で意見を言うことが難しい人がいます。目の動き、触った筋肉の動き、緊張、すべてがその子の声であり、主張です。全て、ここから出発します。すべての原点がここにあります。子どもの声を聞くこと、当事者の声を聞くこと、被災者の苦しい胸の内を聞くことからすべてが始まります。

（二〇一一・六・二〇掲載）

2　八月は広島、長崎に原爆が投下され、多くの命が奪われた月命日です

一九四五年八月六日、午前八時一五分、一発の原子爆弾が広島市に投下されました。大きなきのこ雲が立ち上《のぼ》り、原爆の放射能の熱線で十数万人の人々が焼き焦がされ、爆風（風速四四〇メートル）と

火災で数万の家や建物が破壊されて、広島は焦土と化しました。

また、同じ八月九日午前一一時二分、長崎市に原子爆弾が投下され、七万人を超える人々が広島と同じように、肉落ち、真っ黒に焼け爛れて亡くなりました。火災も一日中燃え続け、何もない焼野原になりました。

広島の原爆で亡くなった人、その後、白血病や癌などの原爆症で亡くなった人を加えると、今年までで、二八万六八一八人の方々が犠牲になりました。長崎でも一五万二二七六名の方が亡くなり、平和記念公園の棺の中にその名簿が収められています。


被爆した元広島平和記念資料館館長、高橋昭博さんは、その惨状を次のように語り継いでいます。

校庭に整列していたとき、米軍の飛行機B29がゆっくり飛んで来たのが見え、皆で指差して見ていたとき、ピカッと火の玉の閃光が光り、ガーンという爆風で吹き飛ばされたと。気がついたときには、服はボロボロ、皮膚はめくれて、焼け爛れた自分がいたと言っています。みんなは真っ赤な血を流し、目が飛び出し、髪は燃えて縮れ、裸足で足を引きずりながら、幽霊の行列のように歩いていたと。家もぺしゃんこになり、所々燃え盛り、家の下敷きになったまま、また内臓が破裂して、亡くなった人もいたと言います。体が熱くて、「水！　水！」と叫んで、川に入り、そのまま亡くなった人もいました。無数の死体が浮いていたとも。

自分も焼け爛れた腕がケロイドに引きつり、治療に何度も入退院を繰り返したとも。多くの人が黒い雨に打たれ、放射能にさいなまれ、白血病や癌に犯され、髪は落ち、そのうえ父や母、兄弟の肉親を亡くし、それでも必死に生き続けるしかなかったと。

これが戦争。人を殺してもいいと教えられた軍国主義。侵略戦争の過ちを改めて考え、二度とこんな過ちをしてはならないと、戦争と原爆の悲惨さを語り伝え、核廃絶と戦争反対を語り継いできたと。

漫画『はだしのゲン』の作者、中沢啓治氏は六歳のとき、広島で被爆、コンクリートの陰で一命を取り留めたが、周りの人は、全身にやけどを負い、「水！　水！」と叫ぶ中、ガラスの破片が全身に刺さり、「痛い！　見えないよう！」と泣き叫んでいる。熱線で皮膚が垂れ下がり「熱いよう」と唸る人々の中を必死で歩いて、やっと対岸のおじさんの家にたどりついたこと。この死の恐怖の実際の体験をどうしても自分にできるマンガを通して、世の中に、特にこれからの子どもたちに伝えたいと、その生き様を描き続けたという。

孤児で弟分の隆太と一緒に、「はげ」と馬鹿にされながらも他の仲間たちと共に、いじめを跳ねのけ、食べ物を探しては分け合い、精一杯生きていく姿を描き続けた。どんなことがあっても負けるな、生きろよ、生きて、生きて、生き抜いてやるわい、と必死に生き抜く姿を描きつづりました。

（中沢さんは去年二〇一二年一二月、思い半ばにして、七三歳で亡くなりました。本当のことを伝えたい志は、今、世界二〇カ国に『はだしのゲン』が翻訳されて読み広げられ、原爆のおそろしさを語り伝えられています。また、描写が凄惨だという理由で閲覧を差し止めようとする動きも出ていますが）。

他にも多くの方々が被爆体験を語っておられます。改めて、こんな悲惨な事実を繰り返してはならないと胸に刻みます。

日本は侵略戦争の反省などから、戦争をしないことを決め、憲法を作った。そして、第九条に「戦争の放棄」を世界に確約した。

第九条
日本国民は、正義と秩序を基調とする国際平和を誠実に希求し、国権の発動たる戦争と武力による威嚇又は武力の行使は、国際紛争を解決する手段としては永久にこれを放棄する。前項の目的を達するため、陸海空軍、その他の戦力はこれを保持しない。国の交戦権はこれを認めない。

第二次世界大戦は一九四一年一二月八日ハワイ真珠湾奇襲攻撃（米国の戦艦を多数沈没させた）で、欧米諸国を相手に宣戦布告をして始まった。中国、満州、台湾、そしてフィリッピン、インドネシアと戦線を拡大し、植民地化してその国の資源を欲しいままにしようとした侵略戦争だったから、当事国の人々はもちろん、欧米の国々も黙ってはいなかった。戦線の拡大に伴い、財も資源もない日本は持ちこたえられず、敗走を続け、最後は沖縄の地上戦・本州の大空襲、原爆投下という結果になってしまったのです。この戦争での犠牲者は軍民合わせて三一〇万人とも言われます。その代償として、課せられたのが、戦争を日本はもちろん、世界からなくそうという運動です。敗戦がその出発点、八月はお盆、その人たちの命日にもあたるわけです。

しかし、六八年過ぎた今、さまざまな考えが出されてきました。アメリカからの押しつけ憲法はやめにして、独自の憲法を作り、軍隊を持ちいったん緩急あれば、国を守るために戦うことができるようにしようと憲法改悪（改正とは言い難い）の動きが出て来ています。

――歴史をさかさまにはできないのに――

原爆の恐ろしさは忘れてはいないと思うが、同じ原子力の事故が二〇一一年三月一一日、東日本大震災の地震と大津波によって発生しました。福島の原子力発電所が水素爆発、メルトダウンを起こし、住民が住めないほどの大量の放射能を撒き散らしました。二年五カ月過ぎてもなお、原子炉の冷却は保っているものの、大量の汚染水が海に流れ込んだままになっています。収束の見通しもなく、今後どうするのか（廃炉）その方向も見えていません。

原子炉は原子力の平和利用と言われているが、原子爆弾を抱えているのと同じです。魔物と紙一重で恐ろしいとしか言いようがありません。今なお一〇数万人の方が避難生活をしています。また放射線による甲状腺の障害も増え続けています。多くの人が犠牲になりました。〝原発さえなければ〟と書き残して自ら死を選んだ人もいます。農産業（米、果物、野菜など）も畜産も、漁業も壊滅状況が続いています。

このままでいいのでしょうか？

原爆を歴史のひとコマにしてはいけないと改めて思います。八月にそう祈りたいです。

（二〇一三・八・二〇掲載）

3　平和が欲しい——みんなが自分の生きがいを見つけ、精いっぱい社会参加するために

今国会（国の政治のあり方を決める所）で、憲法を変えようという論議がされている。中でも、第九条「戦争の放棄」の内容を変え、国と国民の財産を守るために軍隊を持って、もし攻めて来られたら、迎え撃って戦うことができるようにしようという。

九条には、先の戦争で日本では三百万人もの人が亡くなり、二千万人もの世界の人々が命を落としたことの反省に立って、〝人を殺し合う戦争はもう止めよう〟、〝兵隊も要らないし、戦うための武器も要らない、もし何か国と国との間で、難しい問題が起きたら、話し合いを重ねて、仲良くして行こう〟と決めてある。

広島や長崎に原爆が落とされ、ピカ！　ドン！　と大きなきのこ雲（火柱）が舞い上がり、強い爆風と、熱い放射能が降り注ぎ、一瞬のうちに併せて二一万人もの人が、体を焼かれ、亡くなりました。顔は赤黒く焼けただれ、皮膚は垂れ下がり、衣服は焼け焦げ、〝熱い！　水をください！　お母さん！〟と呼びながら、川に折り重なるように入って亡くなったと、「原爆の図」の中に描いてあります。また、空襲などによって、家も人も家畜も、桜並木の美しい自然も、昔の人たちが残した国宝のような建物

（文化）も焼け落ちて、何もかもなくなってしまったのです。これが戦争なのです。

戦争とは、国が人に人殺しを命ずること、命じられた人間は、選択の余地もなく人を殺さねばなりません、殺さなければ自分が殺されるからです。そんな恐ろしいことが戦争なのです。不意の攻撃を受けたら、自衛のための攻撃は正しいのだから報復の戦争は止むを得ないと言われます。しかし、どんな戦争でも報復を生むのです。結局理屈でなく、殺し合うことは同じなのです。だから、九条では戦争と武力を使うことを止め（放棄）、軍隊（戦力）を持ちませんと世界に約束したのです。二度と過ちは繰り返しませんと原爆の碑に刻んだのです。

命ほど大切なものはありません。みんなで、戦争は止めましょうと言ってほしいのです。

また憲法には、自分の思うことを言い、自分の好きな所に住み、自分の能力に応じて学ぶ、そして政治に参加する権利がある（基本的人権）と書いてあります。

人間である以上、みんな同じです。人間の上にえらい人間はあるはずもなく、人間の下にもっと卑《いや》しい人間がいるわけもありません（法の下の平等）。男が女より優れ、女が男より劣っているということもありません（男女平等）。みんな同じ人間であるならば、この世に生きていくのに差別を受ける理由はないはずです。憲法には自由と一緒に、差別のない（平等）ことを決めています（永久に与えられた権利）。また、社会に参加し、政治に関わることも（参政権）保障しています。

障害があるからと差別もされません。昔、戦争をしていたとき、兵隊になれないのは国の役に立たないやつと言われ、ごくつぶしと言われました。障害を持っている人は座敷牢の中で、人目につかないようにひっそり暮らしていたと言われています。ぜいたくは敵、助けてもらわなければ生活できないぜいたくな障害者に日の当たる場所はなかったのです。

障害があっても、自分の精いっぱいの力を出して、自分で生きがいを見つけて社会参加していくことができるはずです。兵隊になれないことで、差別がつくのは徴兵という仕組みがあるからです。戦争と障害者の生活は両立しません。障害者はできるなら、いないほうがいいとか、生まれないほうがいいと考えられている限り、差別はなくなりません。憲法はそれをしっかり戒めています。人の命ほど大切なものはないことも書いてあります。

いじめを苦にして自殺した中学生の記事がありました。発音がおかしいと言って真似され、足が悪いと囃されたり、むりやり歩かされたり、のろまと言われたり、馬鹿とさげすまされたりなど、いじめはいっぱいあります。

学習面においてはできる、できないで評価され、○×式で追い詰められていきます。できない者は努力が足りないと言われ、競争社会からはじき出されてしまいます。いじめられている子どもの心は誰も振り返ってはくれません。いじめられている子は耐えているだけ。どうしたら自分を分かってもらえるか悩み続け、時には自暴自棄になり命に関わる事件を起こしてしまうのです。

それでもいいと思いますか？　今困っている子どもがいたら、悩みを聞き、できる手助けをしてほしいのです。このことがその子の命を救うのです。その子の願っている生活を取り戻して、自分の力を発揮できるようにしてほしいのです。いじめっ子にはゆがんだ発想や経験が災いしていることがあります。いじめっ子も困っているのです。いじめっ子が悪いといって罰を与えることがよくありますが、良くなるどころかもっと恨みが根深くなることだってあります。

生きていることでその子の存在が認められ、活かされるように力を貸すことが、その子の命を大切にすることに繋がるのです。重い障害を持ち、寝たきりの生活をしていたとしても、指先一つ動くことで、スイッチを入れることができ、みんなとの遊びや生活に加わることができるようになります。本人はもちろん、周りの人をも笑顔にすることができます。自分にできるものを見つけ、それをバネに社会参加（学校生活）して行くことができます。

病気で寝ている子に危害を加える人はいません。武器を持っていない素手の人をピストルで撃つ人もいないはずです。それでも撃つという人は人の心を持った人ではないと思います。赤ちゃんは口をふさがれたら死んでしまいます。あどけない赤ちゃんの口をふさぐような人の命を考えない人は、恐ろしいと思えてなりません。戦争は人の心をすさませ、人の命を何とも思わない人にさせてしまいます。

平和がほしい。差別のない、みんな力を合わせて、楽しく学び、生活できる世の中がほしい。そのために憲法は変えないでほしい。

（二〇一四・一二・二〇掲載）

4　老化も病気も障害も自己責任？

社会保障を求める前に、自分で努力して抱えている問題を克服して、自立できるようにしていくことが大切と言われます。これは分かります。しかし、障害を持って生まれたとしたら、自分の力だけでは、障害を乗り越えることは無理です。脳性マヒで歩けないとしたら、医療的なケアと機能回復のためのリハビリが欠かせません。医療機関でも家でも、学校でも機能回復のためのプログラムを作り、動ける体になるまで、さまざまな助けを借りなければなりません。

それが社会保障です。それが当たり前に進められる社会が、障害者も一緒に暮らせる共生社会と言えるものです。人は多くの人に支えられて、一つひとつ乗り越え、学び、生活力を高めて、自分の生きがいを見つけます。それを通して社会と繋がっていくものです。

知的障害を持って生まれた場合は、繰り返し教えたとしても、予想通り理解できるとは限りません。その子の特性に合わせ、積み上げていけるところを一緒に探り合いながら、時には遊んだり、体を動かしたりして、一つずつ身に付けるように援助していかなければなりません。〝できない子〟〝分からない子〟といった発想がある限り、子どもはその言葉を受け付けてくれません。子どもは自分から喜んでやることからしか新しい物を生み出すことはできないのです。だから時間も体力も根気もいる援助が要ります。学校でも、家庭でもきめ細かな配慮の中で、育てていかなければなりません。それは、子どもの責任ではなく、大人と社会の責任として共に考えていかなければならないものです。

往々にして生んだ親の責任と言われることがありますが、親だってすべてを予想できるわけではありません。親が直面する数々の困難さから、育児放棄や虐待などさまざまな事件が起きてしまいます。産んだ以上育てていけるような温かい家庭であってほしいものです。そこに生活があり、子育てがあり、それにつまずくことのないような周りの援助も要ります。母子家庭であったり、生活がぎりぎりと言った経済的な問題もあります。生活保護法などによる支援を求めざるを得ないこともあります。

しかし、最近生活保護法が六〇年ぶりに改正され、その保護費が一〇％近く引き下げられました。しかも親兄弟（三親等までの親族）の収入や仕送りが調べられ、親族へ援助依頼が通知されるなど、申請時に足かせがあり、とても申し込みなどできない状態に置かれるとも聞きました。自助努力ができないなら、共助（親兄弟）を通して、生活を立て直し、それでもできないときは、公助（福祉）も止むを得ないとしています。自助も共助もやらないで、初めから社会（役所）の恩恵を受けるなどもっての外《ほか》、受ける資格がないと公然と役所の窓口で言われたりします。生活保護費をもらっていながら、パチンコをしている者や、酒浸りの者がいたら、知らせよといったネット網を張り、保護を受けている人の生活を締めつけて監視させてもいます。

働いて稼ぐこと、そして他に迷惑をかけないことを自立とする狭い自律観。生活保護を受けると社会のお荷物にならないように稼ぎなさいとよく言われるけど、働いても十分に稼げない障害者は自立できないことになる。病気が災いしている人も含めて家族は助け合わなければならないと明記されれば、障害者と家族を長年にわたり縛りつけてきた扶養義務の強化に繋がりかねません。家族介護の担い手の九六％は母親です。すべてを背負い、自分の生活も、人生すら生きることが許されない女性の姿が見えてきます。障害者の自助を支えているのは母親であるというのは封建的家族制度の名残ですらあります。障害者の権利条約は母の権利を奪うことの上に成り立っているといわれます。

将来、障害者も母親から自立しなければなりません。しかし、母を抜きにした暮らしを支えていく社会的仕組みはまだありません。それを社会の中に位置付けることこそ、障害者の基本的人権が認められることであり、障害の自己責任論も打ち消すことができるのです。

多くの福祉作業所があります。しかし、送迎は親（幼児並み）、作業の一部は親が入って手助けしている所もあります。その昔、障害児の学校に同窓会がありましたが、その会長以下役員はすべて親でした。知的障害校では顕著で、同窓生は親の附属でしかありませんでした。子どもを前面に押し立てて会を運営しているのは、肢体不自由校か盲ろう校の一部にしかありません。イベントや子どもと一緒のお楽しみ会なども、企画運営は親、しかも親の金で親が買って、収支を合わせていく親がかりがほとんどという有り様、これでは障害を持つ子ども自身の成長の芽を摘むようなものであり、子どもの生きがいに繋がっていきません。

家事を手伝ってきた子は、一人暮らしでも大きな差が出ます。親とのやりとりの中から買い物（食材の選び方、お金の支払いなど）も自分で予想を立て、何を作るかといった見通しができるようになります。でも大半の親は、危ないとか無理だろうと予想し、好みも親が決め食事を与えてしまうことが多いのです。このようなやり方が長年続くと好みが片寄ったり、口にしたことがないものを拒否する頑固さに繋がったりします。

自主性は自分で選び、自分で手に持ち、自分で決めることから生まれます。どの子も箸を持ち、また手づかみでも食べたい物に、しっかりと手を出していきます。トイレもしっかり自立していきます。その必要があったとき、どうするか。決めさせて選ばせていくことが大切です。助けはいるが、口出しを多くしてもいけません。待って、顔を見て、考えさせてください。手を出したとき、それを一つひとつ認めていく中で、自分で決めることの大切さを知らせていくことが必要です。

子どもはどこにいても、何をしていても、本当は自分の思いがあって行動しています。欲しそうに目を向けたり、近づいたりします。その心を察して言葉を掛け、自分から動くように手助けします。子どもに合わせた手順を踏まないでやらせようとすると、子どもはどうしたらよいか、混乱してしまい、動けなくなってしまいます。

一生涯が自立に向けての生活と言っても過言ではありません。その子どもたちを支えるのが学校教育であり地域の大人の役割なのです。

みんなと一緒に行動ができ、その動きの中で自分を主張していく。食べることも、遊ぶことも、声を掛け合い、みんなの声に耳を傾け、だんだんと心が通うようになる。これが自分たちの社会になる。そこが居場所になり生活していけるようになる。

老化も病気も障害も決して自己責任ではなく、みんなで支えることで、乗り越えられるものであると思います。

いろんな法律が作られています。生活保護法改正という名のもとに、保護基準が引き下げられ、消費税増税と相まって、いっぱいいっぱいの生活に追いやられていきます。(国が収入のない者からお金を吸い取っていると言われてもしょうがない)。医療・介護総合法案が作られ、社会保障費が増え続け、財政的に無理があるとして、介護度一～二の人の介護給付をなくし、養護老人ホームの入居も介護度三以上と制約を作って、今困っている人の願いに添えなくなっています。認知症の父親を抱え、介護に専念しているが、休む間もなく共倒れという事態も起こっています。

福祉は住民の願いの届くところにあってこそ意味があり、泣き寝入りさせては健全な社会とは言いかねます。社会福祉は、住民の権利です。それが活かされなければ〝この子に世の光を〟と願ってきた長年の理想が消えてしまいます。

（二〇一四・七・二〇掲載）

5　あの恐ろしい戦争は繰り返してはなりません――多くの語り部からの警告

――満州引き揚げに際し、「足手まとい」と言われ、一歳の妹に死の薬を――

引き揚げ者の一人、村上さんは、敗戦から一年経った一九四六年の夏、決して消えることのない心の重荷を背負いました。関東軍が壊滅、旧満州から引き揚げるときでした。「足手まとい」になるからと「病弱なやっと一歳を迎えたばかりの妹に、薬を飲ませて死なせた」のです。

当時一一歳の少年でした。「住んでいた街は連日のように砲弾が撃ち込まれる戦場でした。だから、医者から渡された薬を疑いもせずに与えてしまった」のです。しかし、同級生の一人が当時をこう振り返っています。「妹を死なせた後、泣きじゃくりながら家へ来て、ずうっと自分を責めていた」と。妹を埋葬した中国の川辺から持ち帰った砂の入った袋を手に村上さんは話しました。「妹は、薬を飲ませたとき、黒い瞳でじっと僕を見つめていたが、その後静かに目を閉じて死んだ。いよいよ引き上げ船に乗る貨物列車の中で、母はうわごとのようにフミコ、フミコと妹の名を呼び続けていた。僕はその母にも医者から渡された薬を飲ませて死なせた」。

長く村上さんの心の奥底に潜んでいた自責の念は、いつしか反省と決意に変わりました。母とフミコの「語られない遺言」として記しています。「今僕に呼びかけている母とフミコの声、八紘一宇（侵略と植民地支配のスローガン）は、アジアの人々への圧政だった。これからはアジアの人々と仲良く、あんな加害行為はもう止めよう、残された人の子や孫、いつまでも豊かに平和に暮らせるように努力して行こう」と。

村上さんは「戦争は兵隊だけが犠牲者ではない、絶対に繰り返してはならない。」と反対を訴えています。

※足手まといというならば、障害児の多くも同じ運命にさらされたのかもしれません。

——語れなかった被爆体験、今こそ語るとき（詩人山中茉莉さんが書いています）

私が広島で被爆したのは二歳のときでした。一九四五年八月六日の朝、いつものように母は庭で洗濯をしていました。私は縁側に立って母を見ていました（幼すぎて記憶に残っていないのですが、母がときおり語ってくれたそのときの様子が、私の心の中に焼きついています）。

母がふと庭に咲く紅いカンナの花を見たその瞬間、強烈な閃光が街を覆い、周りの家も爆風で吹き飛ばしました。本当に一瞬にして街の風景が瓦礫となってしまったのです。爆風の直後、辺《あた》りは真っ暗になりました。母は気を失いかけましたが、私の泣き声で気がつきました。私は庭先に数メートル飛ばされ、額を切って顔が真っ赤に染まっていました。「のりこ（本名）が、のりこが‼」。母は半狂乱になって泣き叫びました。兄は下駄箱の下敷きになり、足に熱線を浴びてやけどしていました。瓦礫の中から私のいとこを見つけ出し、母と祖母、そして六人の子どもたちは一緒に逃げ出しました。

近所の人が屋根や柱の下敷きになり、「助けて！」と叫んでいます。でも重くて取り除く時間もなく、祖母は土下座して「こらえてつかあさい、こらえてつかあさい」と謝っていました。火が来るから早く逃げようと立ち去るときに見た下敷きになった近所のおばさんのすがるような目が忘れられなかったと言います。「あのとき私は鬼になった」と母は後々まで語っていました。

母は私を抱え、兄の手を引き、祖母はいとこたちの手を引いて、太田川の河原に逃げました。途中、出逢った人たちの髪は爆風で逆立ち、皮膚がむけて指先から垂れていました。道端に多くの人が倒れていて、それを踏み越えて逃げたのです。地獄さながらだったそうです。川にも人が水を求めて集まっていました。生きているのか、死んでいるのか分からない人たちがたくさん浮いていました。母は土手の窪みに子どもたちを入れ、その上からトタンをかぶせました。雨が降り始め、コールタールのような黒い雨がダーン、ダーンと石炭でも落ちてくるような音をさせて、降ってきました。夕方雨が止んだ後、土手に上がって街を見ると真っ赤に燃えていました（三日三晩）。

畑の所々に人が横たわって、ハエがびっしりとついて真っ黒な塊のようになっているのを一カ所に集めて、油をかけて燃やしていたそうです。叔母が、顔の半分の皮膚は垂れ下がり目じりは切れ、目は真っ赤に充血、服は焼けて裸同然、まるでお岩さんのような変わり果てた姿で帰って来ました。母は三日三晩、叔母の顔を井戸水で冷やし続けました。その後、叔母は原爆症と闘いながら語り部として平和を訴えて、生涯を送りました。

一昨年の夏、認知症になった母に代わって広島の原爆記念式典に参加したとき、封じ込めてきた被爆者としての思いがあふれ出て、母に代わって継承することが私の仕事と決意しました。
※私がかって原爆資料館を訪ねたとき、一番印象に残ったのは、亡くなった妹を背負いながら火葬を待つ少年の写真でした。どんな思いで待ち続けたのか。この少年の頭をよぎった言葉を探してみました。兄さんが見届けるから大丈夫だよと。

『はだしのゲン』


二〇一三年一月、松江市教育委員会が、『はだしのゲン』を「過激な表現だ」として貸し出しを中止した事件がありました。この本は漫画家中沢啓治さんが自分自身が実体験し、目の当たりにした原爆の残酷さを書き残すことで、二度と戦争を起こしてはならないと伝えたいと描いたもの。しかし、首を切り落とす描写など誤った歴史認識を植えつけるなどのクレームが付き、校長室の書架に移され、保管されることになったといいます。

「原爆はこの世に地獄を作るもっとも残虐な兵器です。唯一の被爆国である日本が戦争の悲惨さを訴えることは、核兵器のない世界の実現にも繋がるはずです。多くの国（二〇カ国）で読み継がれている『はだしのゲン』には平和の願いが込められています。広島で被爆したゲンは父や姉弟を亡くし、原爆症に苦しみ、そして母まで……、何度もくじけそうになりながら、明るく生きる姿にどれほどの勇気をもらったか。踏まれても踏まれても逞しい芽を出す麦のようになれと（二〇一三・八「新聞の潮流」

より要約)。

『はだしのゲン』は現代の民話、多くの人々に親しまれた日本の文化だと私は思う。これこそゲンを題材にして大人と子どもの意見を交えて一緒に考えていけばいい。最初から、目をそらす必要はないのではと思う。

東京大空襲

昭和二〇年三月一〇日の東京大空襲。その後も連日の無差別爆撃で周辺は火の海となり、東京は焦土と化しました。陸軍病院となっていた日赤にも焼夷弾が落ちて、一晩中バケツリレーで消火活動、空襲警報が鳴るたびに患者をタンカで地下壕まで運ぶことの繰り返しでした(看護婦渡辺さんの弁、二〇一三年一二月、八七歳で没)。

この大空襲はB二九、三四四機が襲来、一〇〇万発の焼夷弾の雨、一晩で一〇万人余の方が死亡、一〇〇万人が被災、東京の三分の一焼失の記録が残っています。

その後の山の手大空襲(二〇年五月二五日の夜)死者三六〇〇人、負傷一万七九〇〇人、焼夷弾は東京大空襲の二倍。外を見ると、火の玉が転げ回っていた、という(人だった)。一階からは唸るような「水、水」の声、地下室の井戸から、何度も汲み上げられた。向かいの銀行の前に二〜三メートルほどの高さの遺体の山。スコップでトラックに載せられて運ばれて行った。そのとき言葉にできたのは「私は生きている」それだけだった(遠山秀子さん、九二歳の方の弁)。

戦争はすべてを失います。命、家、文化、そしてこれまで築いた絆も、残ったのは無力感だけ。私の兄は終戦で日本刀一本引っ下げて海軍から帰還しました。庭続きの畑に行って背丈ほどのトウモロコシを日本刀でバッタバッタ夢中でなぎ倒している姿を見ました。すべての価値観を失い、茫然自失といった姿でした。

予想もできないことがいっぱいありました。敵軍が上陸してきたら、竹やりで刺し殺すんだと、竹の先をとがらせて作りました。やる前に焼け野原にされ、銃撃されることもあるのに、そんな単純で野蛮な思いで頭を埋めていたのです。

今、北朝鮮の核開発の驚異に万全の備えをしようと憲法を変えて軍隊を持ち、自衛のための戦争を認めていこうとする安全保障関連法案が国会で審議が始まりました。

「人命尊重の思想を礎に、二度と愚かな戦争を繰り返してはならない、と多くの日本人の反省と思いが刻まれている憲法九条は時代を超えて引き継がなければなりません。近現代史に多くの時間を割き、若い世代に歴史の真実を知ってもらえれば、平和を希求する九条の普遍的な価値を理解してもらえると思います。九条は無辜《むこ》（罪のない意味）の民が戦争に巻き込まれないための最大の防波堤なのです（俳優・宝田明さん。朝日新聞二〇一五年五月一日）。

九条の九の日に合わせて、全国にある七〇〇〇もの「九条を守る会」の人たちが街で、駅頭で、「戦争しない国、九条を守れ」と訴えています。力を合わせていくしかありません。平和でなければ生き甲斐を見出すことができない障害児のためにも。

（二〇一五・五・二〇日掲載）

6　ICANノーベル平和賞授賞に思う――核兵器禁止条約、本当は日本が果たすべき課題ではなかったか

今年のノーベル平和賞は、国際NGO「核兵器廃絶キャンペーン（ICAN）」に決まった。ICANは対人地雷、クラスター弾の禁止の取り組みを成功させました。次に核兵器のない世界を目指すため、世界各国で活動している約四五〇のNGOを結集させ、国連会議で核兵器禁止条約の締結を実現させた功績に与えられたものです。

それは二〇一七年七月七日、国連参加国（一九三カ国）の三分の二に当たる一二二カ国の賛成で核兵器禁止条約が採択されたもの。ノーモア・ヒロシマ・ナガサキの合言葉で原水禁運動を進め、ヒバクシャ国際署名三〇〇万筆が届けられ、戦争そして核の恐ろしさを語り継いで来た多くの被爆者・NGOの方々の願いが聞き届けられた瞬間でもあったと聞きました。満場の人が立ち上がり、拍手と歓声が鳴り止まなかった、そして多くの人たちが「このとき、歴史が動いた」実感を持ったと聞きました。

それもそのはずです。核兵器禁止条約には、第一条に「核兵器または核爆発装置を開発し、実験し、生産し、取得し、保有し、貯蔵することを禁止する」とあるからです。被爆国日本のみんなが、そして世界中の多くの人が七二年間、待ち望んで来たものだからです。

核爆弾の恐ろしさは言うまでもありません。

一二月一〇日、ノーベル平和賞授賞式で講演したカナダ在住の被爆者、サーロー節子さん（八五歳）

は広島での被爆体験を通して、次のように訴えています。

「米国が最初の核兵器を私の暮らす広島の街に落としたとき、私は一三歳でした。……八時一五分、私は目をくらます青白い閃光を見ました。私は宙に浮く感じがしたのを覚えています。意識が戻ったとき、私は自分が壊れた建物の下で、身動きが取れなくなっていることに気付きました。私は死に直面していることが分かりました。同級生たちが、『お母さん、助けて、神様助けて』とかすれる声で叫んでいるのが聞こえました。

そのとき、私の左肩に触る手があることに気づきました。その人は『あきらめるな！　がれきを押しのけろ！　蹴り続けろ！　あなたを助けてあげるから。あの隙間から、光が入っているのが分かるだろう、それに向かって、早く這って行きなさい』と言うのです。

やっと這い出してみたら、崩壊した建物は燃えていました。建物の中にいた同級生はみな生きたまま焼き殺されていきました。幽霊のような姿の人たちが足を引きずりながら、行列をなして歩いて行きました。恐ろしいまでに、傷つき、血を流し、やけどを負い、黒こげになり、ふくれあがっていました。体の一部を失った人たち、肉や皮が体から垂れ下がっている人たち、飛び出た眼球を手に持っている人たち、お腹が裂けて開き、腸が飛び出て垂れ下がっている人たち、人体の焼ける悪臭がまん延していました。

このように一発の爆弾で私が愛した街は、完全に破壊されました。住民のほとんどが燃えて灰と化し、蒸発し、黒焦げの灰になりました。私の家族も三六一人の同級生も……。

もう一つ、私の頭に浮かぶのは、私の四歳のおい『英治』です。彼の小さい体は、何者か判明できない溶けた肉の塊に変わっていました。かすれ声で水を求めていましたが、息を引き取りました……。

核兵器は私の愛する人と親しんできたすべてのものを危機にさらします。この異常さをこれ以上許してはなりません。核兵器は必要悪ではなく絶対悪です。

七月七日、国連総会で圧倒的な多数の国々が核兵器禁止条約を投票により採択されたとき、私は喜びで感極まりました。この日、人類最良の時を目の当たりにしました。私たちは七二年に亘り、核兵器の禁止を待ち望んできました。これを核兵器の終わりの始まりにしましょう。責任ある指導者なら必ずやこの条約に署名するでしょう。そして、核による絶滅の脅威を永遠に除去しましょう。

『あきらめるな！　がれきを押しのけろ！　光が見えるだろう、そこに向かって這って行け！』その光、核兵器禁止に向かって、動き続け、前に進み、光を分かち合いましょう。この光こそ私たちの誓いなのです」

と結んでいます。

会場は総立ち、拍手は鳴り止まなかったそうです。

この核兵器禁止条約は、これまでにない画期的なものです。核兵器を持たない国々が禁止するという決まりを作ること自体、これまでの政治構造になかったことで、大きなチャレンジでした。軍縮などでは武装解除は強い者が弱い者に強要するものです。それとは逆で、弱い核を持たない者が核を持つ強い者の武装解除を言い渡すものだからです。また、〝抑止力〟とか、〝核の傘の下〟という論理も通りません、と宣言したものでもあります。

もはや核戦争は、人類に破滅をもたらし、地球全体を破壊し、何億人も死に至らしめることを意味しています。化学兵器も生物兵器も禁止条約が成立して久しいのに、もっとも残虐な核兵器についてそれがないのは問題であり、異常と言えます。核は兵器というより悪魔的代物と言えるでしょう。抑止力、核の傘論を唱える理論もあります。しかし、それは核を準備万端怠りなくしておきながら、核武装をしていないフリをしてるにすぎないのです。核の脅し合いを双方がしていると同じで、一触即発の危険がつきまといます。これで平和が守れるとは思えません。

日本政府はこの国連会議に参加していません。議場の空席のままのテーブルには、折鶴が置かれ、あなたにいてほしいとメッセージが添えてあるとか。したがって投票にも参加していません。署名することもないと言っています。逆に北朝鮮の挑発に対して、対話も拒否し、日本の安全のために軍備を強化しようとしています。ミサイルにはミサイルでと。陸、海に配備するとしています。唯一の被爆国で多くの被爆者が二度と戦争を起こさないようにと国連でも訴え、ヒバクシャ国際署名も続けているという のに、別の世界のように遠巻きに見ているだけなのです。これでみんなが納得するでしょうか。

そのうえ、政府は憲法を改正して、九条に自衛隊の項を加え、戦争放棄を骨抜きにしようとしています。そして同盟国と一緒に戦争に参加できるように変えようとしています。

九条は戦争の惨禍を再び繰り返さないと、不戦の誓いを中心に作られ、戦争を放棄し、陸海空軍の一切の戦力を持たず、交戦権も認めないという、平和宣言とも言える道を歩もうと守り続けて来たものです。当時の幣原喜重郎《しではらきじゅうろう》首相は、外国も日本にならって戦争放棄を考えていくだろうと制定のいきさつを語ったほどの憲法です。その精神に立てば、日本は真っ先に核兵器禁止条約のテーブルに着くべきなのに、まったく背を向け、核保有国に追随しているのは、どう日本の未来を考えているのか、疑いたくなります。

会議には多くの被爆者、山口仙一さん、谷口稜曄《すみてる》さんたちが訴えました。このヒバクシャがいたからこの条約が可能になったとも評価されています。

この条約は九月から署名が始まり、五〇カ国が批准したときから、九〇日後に発効します。まだ道半ばですが、一日も早い発効を願っています。一番身近にいた日本が一番遠くにいることが何としても残念でなりません。

被爆して七十二年広島で三十万人、長崎で十六万人余の方が亡くなり、今も原爆症に苦しんでいる方がいます。毎年広島、長崎で平和記念式典を催し、不戦の誓いを新たにしています。戦争は三〇〇〇万人もの人たちの命を奪い、街も文化も焼き払ってしまいました。敵味方の殺し合いは、自由も人権も生活もすべてを破壊し尽くしてしまいます。虐殺、自決も繰り返されました。その真の反省が、憲法の九条に祈りにも似た形で示されていると私は思います。憲法を変えるのではなく、憲法を守ること、九条を守ることが日本の使命だと思います。私も「九条を守る会」に入って、活動に参加してきました。だから核兵器禁止条約が採択されたことに大きく力を与えられたように思いました。私は老人になりましたが、連帯はこれからも持ち続けようと思います。

※東日本大震災で原発が壊れ、放射能を撒き散らしています。六年経っても手つかずです。一つの原子炉を廃炉にするには四〇年かかると言われています。世界にある原子炉、原子力船、一万五〇〇〇発の核弾頭にもし何か事故があったら、と想像するだけでも気が遠くなりそうです。

（二〇一七・一二・一八掲載）

7　戦争の歴史の中で障害者はどう生きたか？――戦争法案の行方に不安いっぱい

二〇一五年六月二六日、二七日NHK・Eテレ「ハートネットTV」で「シリーズ戦後70年　障害者と戦争――ナチスから迫害された障害者たち」の放送を見ました。

二十万人もの障害者の大虐殺が、ナチスのもとでなぜ起きたのか、NPO法人日本障害者協議会代表で視覚障害者、藤井克徳さん（全盲）が現地ドイツを訪ね、当時を知る人々と話し、その事実を明らかにしたドキュメント番組です。

※藤井克徳さんは都立小平養護学校の先生をしていましたが、卒業後も学校で学んだ働く力を継続して社会参加できるように、自ら退職し、あさやけ作業所を立ち上げ、手厚い福祉施策を求めて活躍してこられました。その後も、きょうされん（共同作業所全国連絡会）の活動に専念、障害者の権利条約の施行にも尽力されています。

○放映された内容のあらまし

ドイツに住む靴職人マーティーンさんは、パーキンソン病の症状が出始め、体が前かがみになり、手が震え、すり足で歩くようになりました。病状が進んだのを理由に、強制的に病院に収容されました。家族には「いつ帰れるか分らない。みんな戦争に駆り出されているのに、自分はじっとしているしかない、早く帰って靴を作り役立ちたい」と便りを送っていました。

一九三九年ドイツの宰相ヒットラーがポーランドに侵攻し、戦意を高揚させていた頃でしたから、ドイツ社会共同体の発展が第一と唱え、戦力外の障害者や病人は社会的貢献度はなくむしろマイナスとして、生きる権利はないとの政策を進めていました。障害者に対し「苦悩から解放させる」という謳い文句で、医師団に安楽死させるよう指示していました。生きる価値のない者にはカルテに「10」を書き込ませ、人里離れた高台のグラーフェネック城にガス室を作り、送り込みました。一酸化炭素ガスで一回数十人ずつ殺害されたと言われています。障害者や病人の生活、医療に係る費用を軍事作戦に少しでも使うという施策が取られたのです。

マーティーンさんもその一人で、家族には「脳卒中」で死亡という通知が届けられました。あんなに元気だったのに急に亡くなるなんて変である、と市長に掛け合ったが、「あなたの身が危険にさらされますよ」と追い返されたと言います（マーティーンさん三九歳で没）。

その他数カ所の精神病院にもガス室が設けられ、毎日カーテンで覆われたバスで、多くの障害者や病人が送り込まれたと伝えられています。焼却炉からでる煙は、人を焼く臭いに満ちていたことも分かりましたが、抗議したりすることはできないように、硬く口を閉ざされていたとも言われます。二十数万人の命が暗闇の中に消され、その名も存在も許されなかったのです。

その虐殺の矛先はさらにユダヤ人にも及びました（これが本命だったのですが）。優秀なドイツ民族の血を汚すとして、出自調査を徹底して行い、多くのユダヤ人もガス室に送られて行きました。アウシュヴィッツ収容所で数百万人のユダヤ人が虐殺されたとも言われています。

戦争に役立たない者の生存を否定し、真っ先に命を奪った「T4計画」。これはまぎれもなく戦争への道標であったことがドイツの歴史からも知ることができます。

※一、T4計画——T4作戦とも言われます。身体障害、精神疾患、病的犯罪、ユダヤ人も含めた劣悪な遺伝子を持つ者をなくし（安楽死政策や殺害）、ドイツ民族の血の浄化を図ろうとした計画。

※二、このナチスドイツを率いるヒットラーとムッソリーニの率いるイタリアと東條英機の率いる日本が三国同盟を結んで、アメリカ、イギリスを向こうに回して戦った第二次世界大戦では、日本も同じ価値観を持ち、国のために役立たない者を排斥したこともうなずけます。その戦争を美化しようとしている現政府では歴史への反省が見えないことは当然でしょう。

日本でも、戦時下、障害者は「非国民」「穀つぶし」とののしられ、人間扱いされませんでした。障害者の生きる権利が根こそぎ奪われようとするとき、平和が脅かされるという歴史の教訓です。

そして藤井克徳さんは最後にこう付け加えています。遠い過去とは思えない。遠い国の出来事とは思えない、今の日本にも繫がっていると警告しています。

九月一九日未明、安保法制（戦争法案）が参議院で可決成立しました。

二〇日、幅広い分野の学者、研究者で作る「安全保障関連法案に反対する学者の会」は都内で一七一人が集い、さらに新しい戦いに踏み出すと記者会見しました。「反対運動を豊かに発展させ、国民多数の意見を国会の多数にし、そこに立つ政権を誕生させ、安保法を廃止し、閣議決定を撤回させる歴史上初めての市民革命的大改革を市民と共に成し遂げよう」と訴えています。

国会前に繰り出した人たち、特に学生（高校生も含む）や若者も、もう黙っていられないと、労組のような組織動員でなく、個人として自らデモに参加し訴えたとも聞きました。

日本が攻められていなくても、自衛隊は友好国と一体になって武器を持って戦争に参加できる（集団的自衛権）、地球のどこへでも行き、友好国の後方支援（兵站）の名のもとに武器や弾薬を運ぶ仕事をする、これが戦争法案です。

戦争は人も時も盲目にしてしまいます。障害者を役立たずで、しかも足手まといとすることは、かつてのドイツの二の舞を引き起こしかねません。あり得ないと言っても、結局は片隅に追いやられ、声など聞き取ってくれはしません。福祉の時代と言われる昨今ですら、社会保障制度改革推進法で、「国民は自立した生活を営むことができるよう、家族相互および国民相互の助け合いの仕組みを通して、その実現を支援していく――自助、共助を公助に優先させる」としています。しかし、これは明治時代作られた恤救《じゆつきゆう》規則――あわれみ与え合う――考え方に通じます。福祉はどこかへ消えていきます。社会保障の重点化・効率化・適正化とも謳っていますが、不要なものはカットしていくのと同義語になっています。

つまり社会保障も安保体制の中に組み込まれ、さらに住みにくい世の中になっていくのではないかと思います。

平和を守るために、軍備を強化し、いつでもどこでも戦争ができるように準備する（抑止力にする）。この論理は成り立つのでしょうか？　武力を使わず、あくまで外交で話し合い、解決してこそ平和が保てるのです。それを切に願って止みません。

タブーと言われても、黙っていられません。憲法をないがしろにしているのですから、どっちが間違っているか、自明です。平和は万人の願いです。

（二〇一五・七・二〇掲載）

8　もう一度平和について考えて見たい

二〇一六年七月一〇日、参議院議員の選挙が終わり、開票された結果を見て、このままいけば、衆参両院議員の三分の二の発議で、憲法が変えられてしまうのではないか……。そんな不安でいっぱいになりました。

私は「九条を守る会」に参加し、日本の憲法ほど素晴らしい憲法はないと改めて思い直しています。一九八七年、文部省が「あたらしい憲法のはなし」の冊子の中で、戦争の放棄について次のように書いています。

「あたらしい憲法には、日本の国が決して二度とこんな恐ろしい戦争をしないように二つのことを決めました。一つは兵隊も飛行機も軍艦など戦争するためのものは一切持たないとして、戦争の放棄（もう互いに傷つけ合うことはしません）を決めたことです。二つ目は、よその国と争い事が起こったとき、決して戦争によって相手を負かし、自分の言い分を押し通そうとしないこと、相談して（外交）互いに決まりをつけようということです。そしてあの恐ろしい戦争（多くの人を亡くし、多くのものを壊した）を起こした責任を反省し、どこの国よりも先に、もう戦争は止めましょうと宣言したのです」

多くの人たちが語っています。岩波書店から出された『憲法を変えて戦争に行こうという世の中にしないための18人の発言』という本の中で、みんな訴えています。幾人かの話を紹介します。

◎吉永小百合さん（女優）

先の戦争で、日本は三百万人もの犠牲を出し、二千万人の世界の人々の命を奪いました。命を大切にすることは、憲法九条を大切にすること。国際紛争を解決する手段としての武力行使は永久にしないと定めた憲法は人間の命を尊ぶ素晴らしものです。

人間は「言葉」という素晴らしい道具を持っています。その道具で粘り強く話し合い、根っこの部分の相違を解決していく、報復ではなく、半歩でも、一歩でも歩みよることが、言葉を持つ私たち人間の使命だと思います。

戦争とは国が人に人殺しを命ずること、恐ろしいことです。戦争は絶対嫌です。武器でなく、憲法九条こそが、私たちを守ってくれます（抜粋）。

◎井上ひさしさん（九条の会の呼びかけ人）

日本の憲法の非武装平和主義が無力か。不意の攻撃を受けた場合の報復の戦争は正しいとする正戦論という考え方がずっとあり、自衛のための先制攻撃もあるという考え方も出て来ています。しかし、それが本当に正しいのか？　つまり、いかに理由があろうとも戦争で解決できる問題があるのか、その戦争は更なる報復を生むのではないか、そう考える人たちが世界中に現れ始めました。

一八九九年ハーグ国際平和会議が開かれ、戦争をするにしても許されないこととして略奪はしてはいけない、無防備都市を攻撃してはならないなど、協定で定められてきたのです。（第二次世界大戦後、軍隊を廃止した国が生まれた。日本とコスタリカが有名。中でもコスタリカは一九四九年に軍の保有を禁止。一九八七年ノーベル平和賞受賞）さらに一九七七年に、そういう国を国際社会がどう守るか、もっと強力な制限をジュネーブ条約で定め、無防備都市、地域を絶対攻撃してはならないと約束し合いました。

※この精神は日本国憲法の前文・九条に促されて考えられてきたにもかかわらず日本は長い間批准しませんでした。（二〇〇四年やっと批准）

世界の人々が軍備を持たないと憲法で定めている国を支えようとしているのです。一九九九年、ハーグ国際平和会議から一〇〇年を記念して、ハーグ国際平和市民会議が開かれ、二一世紀の行動目標の第一に、世界のあらゆる国の憲法に日本国憲法の九条を広めることが書かれ、約束し合っています。日本の国内では、憲法の前文・九条の精神が孤立しているように言われますが、全く孤立などしていません。国際的に大きな力の強い動きになっているのです。（二〇〇五年日本ペンクラブでの講演から抜粋）

◎森永卓郎さん（独協大教授）

私は憲法九条を世界で最も美しい法律の一つだと思っています。イラクの知人が、イラクの新憲法をつくるのに一番手本にしたのが日本の憲法九条だと言っていました。世界最初の被爆国であり、三百万人もの命が失われた太平洋戦争の反省の中から生まれたこの平和憲法、日本人がそもそも作ったわけではないけど、それをずっと守ってきたのは日本人なのだから、時間がたったからといって、変えなければいけないと言う理屈はない。むしろ、守ってより大切に育てていくのが我々の責任、むしろ義務だと思います。

特攻隊の一員だった父が、今の子どもたちに引き継ぎ残してやれる最大の財産はこの九条ではないかと言っていました。イラク戦争での兵士の証言でも、自分の命を懸けて人の命を奪うというエキサイティングなゲームになってしまい、人が人でなくなってしまうと言っています。どれだけ戦争が悲惨であったか分かっていながら、その狂気の怖さを理解せずに九条の改憲が言われているのだろうと思います。

不戦の誓いをして、何があっても軍隊は持たないぞ、あるいは他国を侵略しないぞということを、世界に宣言することは相当の覚悟がないとできない。平和を守るというのは実はもっとすごい戦いです。僕は平和を守る戦い、武器を持たない戦いというのに、優しい心を持った人たちには一緒に参加してほしいと思っています。それは誰かのためではなく、自分のためだし、家族、友人、子ども達、親たちのためでもあるからです。（抜粋）

◎渡辺えり子さん（女優）

いま津波でたくさんの人が亡くなったり、凶悪な犯罪で人が殺されている。そのことに対し、親身になることのできる人たちが、どうして戦争の人殺しだけ許すのか……。戦争を認めたら、人を殺してもいいってことになってしまいますよね。

戦争は人が起こすわけですよ。原爆のスイッチも人が押すわけですよ。人が人を殺す、唯一無二の命を奪う、それは絶対悪だと思うんです。それを机上の論理で、損得の論理で、戦争を起こされてはたまらない。戦後七〇年たった今でも、東京大空襲で亡くなって、どこに埋められたか分からない人たちもいる、悲しくて毎日眠れない人もいる。まだ戦争の傷口がふさがっていないときに、憲法を改正して、軍隊をつくり、次の戦争を起こそうとしている人たちがいる。

どうして人を殺してもいいのか、人を殺してもいいということは、自分も殺されていいし、親も子供も殺されていいということです。だったら、そう思う人だけが改正に賛成すべきですよ。

本当に戦争が起きたら、どうなるか、想像がつきますよ。だからこそ、憲法が最後の砦だと思っています。今守れなかったら、もう世界共倒れです。大声で、本当のことを言い、書かなくてはね。（抜粋）

（二〇一六・七・二〇掲載）

9　パラリンピック——不可能はない、それを多くの人に伝えるために、私は生きていく（イランのアーチェリー選手、サハラ・ネマティさん三一歳の言葉）

二〇一六年リオディジャネイロ、パラリンピック最終日の九月一八日、知的障害者部門の二〇〇メートル個人メドレーで、中島啓智君（一七歳、千葉中山学園高）が、銅メダル（三位）を獲得したＴＶを見ました。今日一九日の新聞にもゴールして、目を細めてガッツポーズをする笑顔の写真が大きく載っていました。

コメントが付記されていました。

幼い頃、高熱を出し、弱かったので体を鍛えるために三歳で水泳教室に入った。しかし軽度の知的障害があると告げられ、どんなに勉強してもついて行けない不安と鬱屈で、家に閉じこもり、学校にも通えない時期があったと言う。でも水泳だけは続けた。去年一〇月、強化合宿に参加、急成長してタイムを伸ばし、リオへの切符を手にした。苦手の平泳ぎを中心に一日一万メートルを泳ぎ、本番を迎えた。

「出るからには入賞を」とスタート台に、緊張で震える腕をもう片方で抑えて飛び込み、自己ベストを三秒縮めての三位銅メダルだった。「とても達成感がある。僕のピークはこれから。東京大会では金をねらう」と笑顔で口にする姿が屈託なくすがすがしいものでした。

パラリンピックに来るまで、いつも負けっぱなしの日々だった。でも今では次を頑張ると、みんなに応援され頑張ったから三位になれた。これからも一つでも上を目指して行きたいと、明るく笑っていました。

パラリンピックの父と言われるドイツの医師だったルートヴィヒ・グットマンさんは、「失った機能を数えるな、残った己の身体能力を最大限に引き出し、自己記録に打ち勝て！　あくなき可能性に向け、探究心を持ち続けるろ」と訴えている。

パラリンピック――もう一つのオリンピックとも言われます。障害があって走れないなら、車椅子がある、事故で片足がなくても、義足がある（バネ義足のドイツのレーム選手は走り幅跳びで健常者の世界記録より遠く飛ぶ記録を持っている）。水泳の背泳ぎで、手がなくとも、飛び込み台に括りつけたタオル（補助具）を口にくわえてスタートしていける。卓球で、手が使えなくても口でラケットを噛み、足で球を高く上げ、サーブすることができる。どれも工夫一つで、補助具をうまく使うことで、競技に参加できることが認められています。そして自分の記録に打ち勝とうとしている姿は、オリンピックのアスリートと同じです。

ボッチャというパラリンピック独自の競技もあります（ボッチャはイタリア語でボールという意味。陸上のカーリングとも言われている）。重度の脳性マヒの方のために考案されたもので、最初に白のジャックボール（目標球）をコートに投げ入れて、試合が始まります。二チームで赤と青のボールを個人戦なら一人六球、ペアなら一人三球持って白球めがけて投げ入れ、白球に近い球の数で勝敗を決めます。投げるのが難しい場合、蹴っても、足に載せて放っても構わない。多くは「ランプス」という滑り台風のスロープ（勾配具）を補助者に持ってもらい、ボールを転がしてスローする。補助者はランプスを持つだけ、位置や角度はすべて選手が決め、指示して行うものです。コート上の頭脳作戦とも言われ、筋トレも欠かせないほど緻密で体を使う競技です。今度のリオでは日本は銀メダルでした。

ゴールボールは目の不自由な人のために考えられた競技です。ドッチボールの大きさのボールの中に鈴が入っていて、ボールが動くと音がします、その音に神経を集中させ、転がってきたボールを寝っ転がった姿勢で、体のどこかに当てて捕まえ、相手のコートに投げ入れる。捕まらずにゴールに飛び込めば得点になる。音はボールの動きによって違って聞こえる。早く転がす。バウンドさせる。その音に合わせてボールの位置を頭でイメージして捕る、体を張った競技です。完全に失明している人と、そうでない人の差をなくすために目にガーゼ・テープを貼って、さらに視界ゼロのゴーグルをして競技をします。試合になると、声援が多くなり、鈴の音が聞こえにくくなるので、審判の人は「静かに（Ｑｕｉｅｔ）」という札を持って回ることもあります。

視覚障碍者のマラソンでは、今度のリオで道下さん（女性、三九歳）が三時間六分五二秒で銀メダルを取った。レースは気温三〇度、直射日光も厳しかったが、月間七〇〇キロを走り込んでつけたスタミナが実を結んだという。つらいとき、一緒に走ってくれた伴走者のことを思い起こして走り続けたという。とにかくあきらめずに続けた結果がすべてだと振り返っておられました。

見えない人も、聞こえない人も、手や足の不自由な人も、知的障害がある人も互いの違いを認め、互いに高め合うスポーツの精神にのっとって懸命に自分を鼓舞している姿はかけがえのないものです。障害をさらけ出し、助けを借り、努力する姿が、パラリンピックの精神なのです。

一九日、マラカナン競技場でパラリンピックの閉会式があり、テレビで放映されたのを見ました。国境を越え、一五九カ国、三〜四〇〇〇人の選手たちが障害の違いを超えて参加し、競い、互いの健闘を称え、陽気に手を取りあった閉会式。最後にパラリンピックの歌を全員で歌い、平和と愛を訴えた姿に目頭が熱くなりました。二〇二〇年、東京での再会を約束して閉会しました。

日本で本当にパラリンピックが開催できるのか、不安がいっぱいです。内閣府が政府広報には「一人ひとりかけがえのない命、障害がある人もない人も、みんな輝く存在です。お互いを認め合い、支え合いながら、未来を築く共生社会を実現しましょう」とあります。国中上げてこれが現実になり、障害者の願いを聞き、寄り添い、励まし合い、競技まで持っていきたいものです。

今年参加した池愛里さん（一八歳）が言っています。「私は九歳で小児癌を患い、腫瘍は摘出しましたが、左足にマヒが残りました。リハビリに水泳を始めましたが、スイミングスクールで、障害児は受け入れたことがない、タイムが遅いと断られ、豪州に渡りました。泳げるならおいでと豪州のクラブに入り、今年リオの大会に出ました。メダルには届かなかったけど、戦い終わった選手への満員の観衆からの拍手に感動しました。また泳ぎたい、できる限りレースの舞台に登りたい。壁を乗り越え、東京でも泳ぎたい」。

愛里さんがスイミングスクールで受け入れられなかったように、障害児者の周りには壁がいっぱいあるように思えてなりません。

いじめが水面下で、渦巻いていませんか？　不自由な足をまねて、さげすんだり、けなしたりしていませんか？　みんな表と裏で障害者の心をもてあそんでいませんか？　子どもの世界だけでなく社会の中でも、障害者は目障りだとか、生理的に嫌なんだと、言う人はいませんか？「自助努力もできない人間は、社会で生きる資格がない」と言う、行政に携わる人はいませんか？

どう努力するか一緒に考えて、できることを増やし、挑戦することを体に覚えていけるようにすべきなのに、本人や障害のせいにして、教えられない自分の力不足を棚上げしていませんか？　願いに添うように合理的配慮をしようと約束したのに、それができないようでは、障害者本人ができるわけがありません。

ＩＴや機器にお金が掛かっても、投資してできることを増やしてください。話せたり、歩けたり、意見が言えたりしたら、どんなにいいか計りしれません。金を掛けた分、結果が出てくるように工夫すればいいじゃないかと思います。

みんな一生懸命生きています。障害者ほど真剣に生きている人はいないと思います。生まれつき筋肉の力が弱い子が「肺に空気が入って行かないよう。助けて、お父さん」と絞るように訴えていました。ぎりぎりまで生きることを願っているのです。薬も機器の開発も願いを受け入れるには必要なものです。その願いを叶えずに、人を救うことはできないのです。障害児が生きられる社会、弱い力しか持ってない子が、共に生きられる社会こそ、健全な社会と言えるのです。だからこそ社会参加が本当に意味のあるものになっていくと思います。

「虹の会」で障害を持つ若者も自活しながら、毎日働いています。話し合って新しい目標に向かって努力しています。給料が欲しいから、ビラを配って宣伝をし、値付けをし、品物を揃えて、ありがとうの挨拶も忘れずにしようと努力しています。ハンディを少なくするためにリハビリもしています。言葉の練習や日記、本読みなどもしています。お父さんやお母さんから離れて自分だけで介助の人の力を借りながら、生活しています。みんな努力しているのです。

ビラ配りのパラリンピックはないのかね。笑顔のパラリンピックはないのかね。開会式で「スーパー猛毒ちんどん」の出番はないのかね。どうか知恵を貸してください。自分たちも参加できないもんでしょうか。

（二〇一六・九・二〇掲載）

第七章　自立する「虹の会」の若者たち

1　のびのび自立賞を虹の会のみんなに贈りたい

先日（二〇一一年一二月一三日）、朝日のびのび教育賞が日本ダウン症協会広島支部「えんぜるふぃっしゅ」の団体に贈られたとの記事があった。そのあらましを記してみる。

働いて実感「豊かな人生」

一〇月に広島県立広島大学キャンパスであった学園祭。ダウン症の若者たちが、模擬店で客を出迎えた。「お茶とコーヒー、どちらがよろしいでしょうか」。ネクタイ姿でお辞儀をする。社会参加の機会を増やそうと、日本ダウン症協会広島支部「えんぜるふぃっしゅ」が手掛ける職場実習の一つだ。若者たちに接客を学んでもらいながら、日ごろの活動を世間に広く知ってもらうのが目的である。メインの実習は毎年、春休みと夏休みの二～四日間、県内の特別支援学校の中高等部などに通う一五人前後の生徒が参加する。働く場所は、動物園や、老人福祉施設や保育園、スーパーなど多岐にわたる。

値札を付けたり、買い物カートを片づけたりで、「ジョブサポーター」と呼ばれるボランティアの大学生が脇で見守る。いろんな人に関わりながら「働く」とは何かを学ぶという活動である。

実習は、親たちの思いから始まった。「卒業後、限られた人間関係の中で過ごすより、たとえ不条理な目に遭っても、仕事を通じて社会に参加していく生き方のほうが人生が豊かになる」として、二〇〇五年には広島市の施設での受け入れが始まった。当時の秋葉市長に「運営は自分たちでする。実習場所を提供してほしい」と直談判して実現した。

数日を共に過ごし、仕事ぶりをそばで見た実習先の職員の間にダウン症への理解が広がっていった。卒業後、実習先にそのまま就職するケースも出てきた。メンバーの一人で、ジョブサポーターの教育を受け持つ、廿日市《はつかいち》市の藤山節子さん（六九歳）にはダウン症の娘さんがいる。就職は無理という親の思い込みやジョブサポーターのサポートの要る障害者という見方も、この実習を通して変わっていったのを感じたという。だからこの受賞の知らせに「これまでの歩みが認められ、勇気が出た」と喜んで話しておられた。

近頃は社会人になったえんぜるふぃっしゅの卒業生の保護者から、仕事のない週末に公共施設などでボランティア活動をさせてみたい、との声が上がり始めている。「社会に出始めたのだから、次に職場に留まらない人間関係を広げていくことができたら」と強く願っている、と。

この記事を読んで、「虹の会」のみんなとどう違うだろうか考えてみた。

まず決定的な違いは「実習は親たちの思いから始まった」ということかと思った。誰かに後押しされ、お膳立てをしてもらって、そのレールの上で働くのは安易である。ましてボランティアの方や親が後ろに控えて、間違いのないようにサポートする（社会的に辻褄を合わせる）としたら、障害のある子どもたちは表に立たせられたピエロでしかないのではないか。働いて、本当に嬉しく、楽しいのだろうか。母が喜ぶから、褒めてもらえるから、えらいね、頑張っているねってみんなが声をかけてくれ、自分を認めてくれるからか？　社会はそんなぬるま湯のようなものではない。店で買い物をする時にも、店員のこそこそしたかげ口がもれてくる。戸惑う仕草を笑うかのように応待される。障害者にやさしいどころか、格好のネタにされているのが現実である。

先生にさえ、のろま、ばか、そんなこともできないのとさげすまれ、時には蹴飛ばされ、差別の真っ只中に置かれてきた「虹の会」の若者は、それに反発し、見返したくて、みんなで働き始めた。給料一〇万円を目指して、提供品をお願いして、集め、きれいにして、リサイクルショップ「虹や」を開いてきた。助けもいる。しかし自分でどうしたいか、自分で決め自分で生活するようにしたい強い意思を持って今仕事をしている。「どんなに障害が重くても、地域で当たり前に暮らす。自分の思いで生活する」ことをずっと願って友だちと一緒にアパートを借りてやってきた。

「親の言うことが聞けないのなら、虹やなんかに行くな」と言われ、家を飛び出して虹やに帰り、一人暮らしをしている青年がいる。毎日送り迎えをしてもらっていたが、今はバスを乗り継いで通っている子もいる。四五分、黙々と歩いて通っている子もいる。お弁当を買い、レシートを貼り付けて、お金の計算を始めた子もいる。給料をもらって、何にどう使うか、仕分けし、計画的に生活をしようとしている者もいる。みんな元気で、ほとんど休まない。みんなで働くことが大好きである。「おはよう」と元気な挨拶が毎日こだまする虹やの店である。

これこそ本当に「自立賞」に値するのではないかと思った。生きる力、自分で考える力、自分を主張できる力を身につけ、自分で自分の生活を作る力をつけていくことが一番大事だと思った。この自立のための仕組み作りこそ、福祉の仕事であり共に生きる社会ではないのか。

（二〇一一・一二・二〇掲載）

2　僕を助けてください――本当は、みんなと一緒に、笑って、一緒に働きたい

※K君の思いを代弁し、K君に寄り添うキャンペーンを繰り広げたいのが本心である。言い過ぎ、勘ぐりになるかもしれないけど、K君が笑って一緒に過ごせる毎日になるように願ってこの文をしたためる。

K君は、自分から話したことがない。

「はい」（「あ」と聞こえる）と返事をすることができるが、「いいえ」「いや」ということが言えない。体力があるので、「これ持って行って」と言われれば、少々大きな重たいダンボールでも、ごみの袋などでも、さっと言われた通りに運んで行く。値付けの仕事のような細かいことでも、要領さえ飲み込めば、手順良くする。「うまいな！」と褒められればまんざらでもなく、「ニコッ」と目を細めて笑顔を返してくれることもある。言語表現による会話より、行動そのものが確かなコミュニケーションになっている。

しかし、ときおりズボンのチャックが気になり、いじり続けていることがある（ちんぽいじりも）。自分の世界に入り込んで、「止めなさい」と他から言われたとしても、耳を貸さないでやり続け、相手を無視する様子も見せる。K君から言わせれば「おれがしたいことをじゃまをするな」「少しはさせてくれ」「やらないではいられない」のか、やり続ける状態になる。わがままもあるけれど、状況に合わせてすぐに切り替えられない性格面（自閉的傾向）もあり、「やめなさい」「早くしよう」など言う催促が自分を責め立てられているような言葉になり、自分でどうしたらよいか分からなくなってしまうこともある。

嫌ならさっさと逃げ出せばいいのに、逆に体が固くなって動かせないでいることがある。そんなとき、そばで声を掛けていた人の手や肩をサッと噛んでしまうことがある。たたみかけられ、追い込まれて、とっさに出る行動である。

噛む力は半端ではなく、服の上からなのに歯型があざになり、血がにじむ。二～三週過ぎても赤黒く残ってしまうほどの傷を負わせてしまう。私も指と肩を二回噛まれた。そういえば、保育園のときに友だちに「こいつ、正真正銘のバカだぜ！」と言われ、その子に噛みついた話は聞いていた。しかし、傷つくような言葉でなくても、「早くしろ！」などと行動を促すだけでも、それに近い感情的高まりに追い込まれてしまうのかもしれない。

本人も加減ができず、一瞬唸りながらサッと一噛みする。「もう聞きたくない」「やめて」といった拒否の感情が、相手を噛む行動にせき立ててしまったといえる。「いや！」と言えたら、噛まずに済んだだろうし、受け答えできれば、その状況も分かるだろうが、突然噛んで相手をひるませようとするから、事件になってしまう（けいれん発作もあり、感情のコントロールが難しいこともある）。

「自分は今、どうしようか？　いろいろ言われたけど、できるだろうか？」と考えている最中、それをお構いなしに、早くやれとせかされる。返事もできないし、どうしたら良いか頭がパニックになってしまう。人との体の接触が苦手なので、相手を押したり、叩いたりすることもできない。そこで自分の最高の武器を行使したということになる（嚙めば相手に危害を加えたとして怒られるのは必定だが、すまなそうな表情はするものの悪いことをしたと謝る素振りは見せない）。

「僕は嚙むという反抗で「いや」と訴えていることを分かってほしい。嚙みたいわけではない。だから、せかさないでほしい、追い込まないでほしい。考えているんだなと、あと少し待ってほしい。

僕は、今親から離れて、友だちと一緒に生活をしている。自炊はしていないが、起床、洗面、着替え、入浴、トイレなど身辺のことはマイペースだが一人でやっている。発作があって乱れることはあるが、日課は（作業や生活）時間を追って、友だちについて（指示されて、教えられて）やっている。手順のこだわりはあるが、むしろ素早くできる。」

K君は私とやるリハビリ（「体操」と言っている）でも、パターンを決めてやれば順序良く指示通りに動いてくれる。動きは省エネ的で、思いっきり体を動かすところまではなかなかいかないが、しっかり覚えてやってくれる。素早いし、ごみを拾ったり、列を揃えたり、衣類の着方も、こだわりながらも几帳面だ。また一人隅っこに隠れているときでも全体の動きを読み取っている。自分から手を出すことは少ないのだが、手を取って「起き上がり」「ジャンプ」などをやってくれる。私の禿げた頭がかわいいと思ってか、そっと撫でて感触を楽しんでいたりもする。

「勉強しよう」ということで、文字カードを作り、読みと文字を照らし合わせたり、時には「頭の〈あ〉」「顔の〈か〉」「歯の〈は〉」などと補語を入れて文字カード取りをする。将来、五〇音表で文字の指差し会話をする準備になればと思っている。カードを自分で取りに行くところから、文字や数字遊びが終わるまでを自分の訓練としている。一〜五まで指で示すこともできるようになり、やろうとする意欲を見せている。カード学習がK君の意欲を沸かせているのも事実である。

いろんな力を持ちながら、生活に活かしていけないジレンマはいっぱいある。男同士だと言葉も荒く、ぶっきらぼうだから、待ってくれと思っていても、その先々と言葉が飛び交ってしまう。「早くしろ!」「何やってんだよ!」と檄が飛ぶ。それにはついて行けないが、みんなの後をポツンとついて歩いているのが今の様子。特別扱いはない。それでもついて行くのは「早くやれよな!」「早く来いよ!」といつも声をかけ、輪の中に入れてくれる仲間がいるからだろう。みんな一緒、できないのはみんなでカバーすればいいよと思って集団の中に入れてくれるみんながいるからだろう。

病み上がりで参加した「スーパー猛毒ちんどん」の音楽ライブ。耳をつんざくような音響の中にいて、みんなのように歌ったり、こぶしを突き上げたりはしなかったが、小さく腕を前に出し、ときおりみんなに合わせて跳びはねて参加していた。できるところでやればいい、それが自分の会話になり友だちの輪の一翼になっているように思った。ライブでは七〇名近く集まった人たちと一緒になって、歌いまくり、太鼓をたたき、動きまくっている中で、一緒にやれた意味は大きい。こんな連帯がK君のよりどころになり、噛むなどの粗暴さが消えていくことに繋がってくれればと願っている。

「ノー」が言えることが彼の一番の鍵になりそうである。「ノー」を受け入れ、みんなで助け合い、成長していくことで、友だちの輪も、働く意欲も、リサイクルショップの売り上げ（これが切実だ!!）も伸びていくのではないかと思っている。

※独りよがりの思いかもしれないが、噛むことから一緒に学んでいきたいと思っている。

（二〇一五・一・二〇掲載）

3　生い立ちナイト三――もう一つ聞きたいこと、
――先生は何故ぼくらと一緒に仕事をするようになったのか？

二〇一五年一二月一三日（日）夕、「生い立ちナイト第三弾」が虹の会本部で開かれた。

いつもは父母の思いを差し挟まずに、自分のことは自分で決め、手を借りるときは自分から頼む、欲しいときは自分で言い、行動するのが虹の会の信条だが、今日は父さん、母さん、姉さん他、教わった先生や日頃案じてもらっているボランティアの方などみんなを招待して、アルバムの写真を見ながら「生い立ち」を一緒に話し合い、これからも応援してもらうという企画のようだった。

一四〜五名の方が集まり、虹の会のみんなは座る場もなく、立ち見席で参加した。夕食を食べたり、アルコールも適度に飲みながら、一人三十枚余の写真を肴に歓声と爆笑が飛び交い、盛り上がった。印象的だったのは誰もが、かわいいかわいい赤ちゃんとして迎えられ、期待を一身に集めて育てられてきた様子が写されていたことだった。七五三、そして誕生日、ひな祭りなども着飾って、家中みんなで祝ってもらっていたことだった。また、遊園地や山、プール、笑顔満面な親子の楽しい写真がいっぱいだった。そして、この団らんの中で、子どもが少しでも豊かな心に育ち、喜びをその後の生活の中に活かされるよう願っている姿が多く見られた。

だが……我が子が一歳半になっても歩かない。目を合わせられない。あやすけど、抱いた体が手に吸い付いてこない。逆に反り返るなど違和感さえ覚え、不安いっぱいの中で、どうしたらと悩み続けたこと。そんな母の願いがどうして通じないのかと懸命だったことなどの話をお母さんたちから聞いた。

また別のお母さんからは「仲間に入れてもらえない腹いせか、他の子が作った砂山やトンネルを踏み潰して回り、周りから白い目でなじられ、仲間に入れないまま泣く我が子にどう教えていけばいいのか悩み、格闘の毎日だった」とも。

でも、「虹の会に入れてもらって、思いっきりはじけて生活している姿を見て、親では関われない仲間同士のぶつかり合いが、この子の力を活かしていってることが分かり、今すこし大人になった息子を見てやっと胸のつかえを下ろしている」とも。

私はこのような親の述懐をむしろ得意気に見ている子どもたちの姿を見て、親子の絆の結びつきの強さと温かさを改めて感じた。

子ども自身も声を上げた（代表して二人が話してくれた）。

○お父さん、だまって逃げ出してごめんなさい。今、虹やで働いていますから心配しないで下さい。お母さんとは毎日メールで連絡、僕のメル友です。お母さんにメールをもらって、元気に働いています。（お父さんも涙こらえながら聞いていたとききました）。

○僕を二三年育ててくれてありがとう。プール、キャンプ、そして海外旅行などに連れて行ってくれてありがとう。野球、相撲なども一緒にやってくれてありがとう。二年前心臓の手術で倒れたときも、心配かけたけど、ずっと看病してくれてありがとう。今、友だちと楽しくやっています。これからも、チンドンと虹やの仕事で頑張ります。

などと両親の願いに自分の思いを重ねて話してくれました。

親から子へ、子から親へ、互いの信頼が語られ、感激させられたイベントでした。

少し前、虹やで働く井上君から、今度の「生い立ちナイト」では、先生方やスタッフの方が「どうして僕らと一緒の学校や職場に来てくれたのかも聞きたい」という話があった。一三日の話の中でもそのことが話題になると思っていたが、生い立ちだけで夜の一〇時近くになって、後の機会に回されてしまった。

井上君の話は、障害児がまだ半端者、税金の無駄遣い、できればいないほうがいいと言われている中で、先生たちが本気で僕らの味方になり一緒に働いているのはどうしてかという素朴な疑問だった。加えて、将来差別をなくし共に働ける社会を目指す仲間になりたい、垣根をなくし腹を割って酒も飲めるようになりたいがゆえの質問だとも感じられた。

私の場合、どうしてこの道に飛び込んだのか、井上君に答えておこうと思う。

私は大学卒業の時点で、すでに宮城県の栗原中学校社会科の教員の内示が出ていました。しかし、そのまま赴任するかどうか、迷っていました。

私には二つ歳下の妹がいました。妹が小学校に入る少し前、家の建て替えで、家族は長屋（蚕部屋に使っていた別棟）に仮住まいしていたときのことです。曾おじいさんといろりで夕餉の支度をしていて、誤って熱湯の鍋を灰の中にひっくり返してしまう出来事がありました。そばで見ていた妹は熱湯と熱い灰をまともに顔と手に浴び、大やけどをしたのです。医者に駆け込み、処置をしてもらいましたが、顔と手にケロイドが残りました。目は閉じられず、無惨でした。少しずつ自分の内股の皮膚を移植してケロイドを取り去りましたが、顔の赤みは取れず、額も禿げ上がっているありさまでした。

でも下に弟、妹と子だくさんの家でしたから、やけどの妹もいつも一緒に無邪気に遊び、互いに気にすることもなく生活していました。

妹は小中高校と通い、卒業後、仙台の洋裁店に勤めましたが、その二年後、帰宅する途中、東北線の汽車に飛び込んで自ら命を絶ってしまいました。みんなで支えてきたつもりでも、妹の悩み、苦しみをすべて受け止められなかったのでした。家族にとってこの出来事ほど重い心残りはありませんでした。

卒業間際、私は指導教官を通してろう学校への切符を切ってもらい、宮城ろう学校への就職を決めました。私のいた社会科研究室の隣に盲ろう教育研究室があり、いつも交流していたからです。妹を苦しみに追いやったことへの潜在的な思いがそうさせたのか、自分にとって未知の教育分野へ飛び込もうと挑戦したかったのか、中学校社会科教員の内定を返上して、講師枠での赴任でした。父には最初反論されましたが、最終的にはどこでも自分のやれる、働ける場所で努力しろと許しを得たのです。

そうして、ろう学校、舎監も兼務して三年。若気の至りで当時の校長とやりあって普通中学へ転出二年。そして肢体不自由児療育施設宮城県整肢拓桃園内の中学校の分教室に三年。その後東京に出て、三〇年間、障害児学校で働きました。

その中で特筆できることは、重い肢体不自由の脳性マヒの子ども、併せて知的にも障害を持つ子どもの学級（特別クラス）を受け持ち、その子たちの発達の道筋を、学習の面から、リハビリの立場から、言語治療の立場から究明しようと打ち込んでいったことです。都立江戸川養護学校に一九年、蝶々を追いかけたり、ピカピカに磨いた教室で、寝転がりながら、廊下も這いまわって、マラソンをし、伸びる芽を探し続けてきたことです。この歩みの中に、かすかながら亡き妹の笑顔を追い求めていたように思います。それが原点かと言えるかと問われれば少し怪しいですが、障害児に正面から向き合ってきたことだけは誇りに思っています。

そして今、私は子どもたちの本当の意味のリハビリ、自分探しの手伝いをするため、スタッフの一人になっている息子に頼み、週一回、助っ人役をやっている。皆には少々の差別に負けない人間に育ってほしいと思っている。

（二〇一五・一二・二〇掲載）

4 Kが私を噛んだ——四回目のSOS、しかし私はまだ応えられないでいる

水曜日、いつものようにK君のいる「虹の会」の訓練（体ほぐし、心ほぐしなどいろいろな目的を持っている）に行く。首をすくめた格好で、視線を合わせ、〝こんにちは〟という私の声に〝アイ〟と愛想よく返事を返してくれる。ハイタッチするほど自然な出会いで始まる。

〝さあ、体操を始めよう〟（K君には体操と言ってある）、〝座って〟。作業場の荷物の谷間のような空間に敷いたじゅうたんの上で、向かい合って正座して挨拶する。〝こんにちは〟目をしょぼしょぼさせながら、首を前に突き出して〝アイ〟と返事。〝ご飯食べた？〟、〝アイ〟私を見ながらピョコンと頭を下げる、〝おいしかった？〟、〝アイ〟と頬を人差し指で指しながら言う（手話で「おいしい」という意味）。他愛のない話の後、両手を前に伸ばして腕の運動をする。〝一（いち）〟と号令をかけると、私の手の上に両手を添えて伸ばす。〝二〟で横にサッと開く（斜め前に伸ばしてくれる）。〝三〟で両手を上に上げる。少し斜めだが、自分では上に上げたつもりで、少し上のほうに指先を伸ばして動かす。また、前に戻り、手を膝に下ろす。

始めの準備運動なのだが、胸・首が広がらず、体の手前で動かす感じである（いつも胸前を狭めて、自分の世界に閉じこもっている感じ、他を許していない風に見える）。腕を上に上げるとき、耳につけるよ

うにと手を添えると少し顔を起こして腕を上に伸ばすようにはしてくれる。〝上手、はい拍手〟と私が言うとK君が手を叩く。

〝今度は、ギッコンバッコン〟（舟漕ぎの要領で両手を取りあい、両足を股の下に伸ばして引き合う）。さっと手を取り、足を伸ばして姿勢を取ってくれる。〝イーチ〟で引く、背中が床に着くまで倒す。〝ニーイ〟で手を引かれながら起き上がり、体を曲げる。〝サーン〟でまた寝るように力を入れて引く。これを八まで繰り返す。次は私がKの足にまたがり、起き上がりの腹筋運動。これも手を伸ばすだけで手をにぎり合って、繰り返しやってくれた（ここまではいつものようにやってくれたのだったが……）。

そして次に膝を抱えて「起き上がりこぼし」をしようと、K君と同じ向きに並んで寝ようとしたときでした。「がーっ」と振り向いて私の左手首、親指の甲を噛みました。とっさに虚を突かれた感じでした。〝やめて！〟と声を掛けるが、手の甲に歯形がつき、血がにじみ出してきました。そばにいたスタッフがKを抑え、引き離して〝何してんのよ！〟と強い叱責が飛び、頭を床に押さえつけました。私も少しパニックってしまいました。すぐ水洗い、消毒、軟膏を塗る治療と大騒動になりました。

噛みつきがどうして起きたか、考える間もなく訓練を休止する。〝先生に謝れ〟とK君は頭をこずかれ、私のほうに神妙に目を向けていました。頭を床に伏せたままで、反省の色は見えなかったものの、私も少なからず動揺していたので〝今日は手が痛いから――包帯の手首を見せて――訓練はおしまい〟とハイタッチしてその場を収めました。

噛みつくという、とっさの行動はどうして起こったのか。

少なくとも私との間に気になる雰囲気やいざこざはなかったと思いました。それなら、何故私をターゲットにしたのか？　それとも私に何かを伝えようとして、起こしたのか？　これまでも何度も友だちやスタッフに噛みついてきたが、話せないK君にとって、この方法でしか自分の思いを伝えることができなかったから、やってしまったのか？　といろいろ考えさせられた。先日、訓練を終えて帰ろうとしたとき、「先生、忘れ物」といった表情でわたしの荷物を肩越しに差し出してくれた思いやりとは、どうしても重ならなかった。

歯形が手首に残り、皮がちぎれて出血する様は、他では厳罰に値するかもしれなかった。歯による雑菌は膿みやすく、処置したガーゼにべっとり血膿みがこびりついて、処置の難しさを示していた。風呂に入れば雑菌の上乗せになったりするので、思わぬ支障も出てきてしまう。幸い、前に医者にかかったときの薬が残っていたので病院には行かず、薬をぬり一週間過ぎて、包帯も取れ、絆創膏で押さえる程度で済むようになった。

K君は話や周りの雰囲気から、その場の様子を察することが素早い子のように思う。いつもは眼を細めて、私の禿げてる頭を撫でたり、一本だけ伸びてる毛を頭に添って直したり、覗き込むようにして返事をしたりしている。「アイ」しか言わないが、それは「はい、分かりました。行きます」「はい。がんばります」「はい。ありがとうございます」に聞こえる。

しかし「アイ」が出なくなることがある。納得できないとき、自分のこだわる儀式があって我慢できないときなど、サッと甲高い声を上げて、素足のまま外へ飛び出していく。塀に触ったりして帰って来る。言われたことをどう受け入れるか迷っていて、気分転換を図ってるのかもしれない。トイレに入って水を流して間を取ってくるとか、部屋の片隅に体育座りのようにうずくまるとか。そんなときは視線がきつく、身の置き場がなくて助けを求めていることが多いようにも思える。

かたくなに自分だけの世界にこもり、周りの雰囲気を拒否するようなところも見せる。リサイクルショップの仕事はまず、提供品の回収（車に乗り家々を回って品物を集める）、ネット（作業所）に持ち帰る、荷物を下ろし、衣類や雑貨、食器、本、おもちゃ等々に区分けして所定の場所に積む。次に店に出せるか、破損や汚れがないかを確かめて、廃棄するものと値段をつける品物とに分ける。次に値踏みをし、値付けをする。値段のラベルを貼る物、衣類のように値札を括り付けるものとさまざまあり、作業もいろいろに分かれる。一定量になるとダンボールに詰め、店に搬送する棚に収納する。Kはこの中で、搬入などの力仕事と値付けを担当している。スタッフと一緒に並んで座り、指示してもらいながら分担してやる。指先は器用で数もこなしていく。その場が定位置でいつも値付けの品物の所に座り込んで仕事をしている。

ネット（作業所）はそんなに広くはない。回収車が帰って来て荷物が運び込まれ、仕分けの段取りが始まるとみんなの動きは慌ただしくなる。いわば戦場に近く、動きが激しくなる。「早くしろ」とか「しっかり持って」とか「あっち、こっち」と掛け声が飛ぶ。一人漫然と見ている余裕はない。遊びも逃げも許されない。その中でK君も一人の働き手として、この動きのサイクルの中で促されながらも入ってやっている。

しかしK君には自閉症と重い知的障害、そして話せないというハンディがある。きちんと揃えないと気になる几帳面なところがあったり、服に着いたごみも取らないと気が済まない。それらの儀式を済ませないと次の仕事に移れず、話を聞いて協働することが難しかったりすることが多い。話せないから反論はもちろん、意見も出せない。その場から逃れることしか方法がなくなる。逃げ場に入ると、頑として受けつけない感じで拒否的な行動が起きる。それでもみんなでやっているから、周りの集団の動きにはめ込もうとする、ここに葛藤の一因が潜む。一緒の友だちも多かれ少なかれ知的なハンディを持っているので、K君への配慮（合理的配慮）など十分であるわけがなく、互いが精いっぱい働いている中で、衝突や思惑の違いが生まれてきてしまう。

そんな中で何とかしてほしいというのが、K君のSOSのような気がする。毎日寝食を共にし、互いに自他の領分を分かち合いながら共同生活をしている仲間なのである。仲良くしたい。笑って暮らしたい、一緒に楽しく食べて、分かち合って暮らしたい願いはみんな同じなのである。

K君も自分を分かってほしいと訴えているのかもしれない。「僕を馬鹿と言わないでほしい。みんなと比べて、できないから言われるのだが、今できることをやろうと努力している、馬鹿というのは僕をさげすんで言っている言葉で、自分がこの世の中に生きていてはいけないって言われているようで我慢がならない。小さいとき『この子は正真正銘のバカだぜ』と言われて、その子を噛んでしまったことがあるが、そのときは悔しくて『そうじゃない』と反抗的になってやってしまったが、今、先生を噛んだのは、憎らしくてじゃなく、『先生、何とかして』というSOSの噛みなのです」と言っているような気がしてならない。

「できないことはいっぱいあるけど、やっぱり僕を抜きにして考えないでほしい。話せないから、心の中は見せられないけど、仲間として考えてほしい」（支援が管理にならないように）。

「私を愛するなら、わたしのすべてを愛して欲しい。良い所も悪い所も、素敵な所だけでなく嫌いな所も全部愛してほしい」。こんな歌詞の歌がTVなどで流れてくる。

彼のできないことも認めたうえで彼の全部を見つめ直してほしいのではないか。周りのみんなが受け止めていてくれるから、今の自分があると思っていると私には感じられる。そんな温かい雰囲気の中で暮らしたい、そしたら決して噛むことはない。そうK君は言いたいのではないか。

穏やかな笑顔がK君に戻ることを祈っている。そういえば、笑顔をあまり見せないことも気になっている。いつも前かがみで目の前しか見ていない姿から、胸張って大きく息を吸って動く姿を見せてほしいと願っている。

「は（歯）」「め（目）」「て（手）」「ごはん」「パン」など文字カード取りをしているが、間違いなく取れる文字が多くなってきている。文字盤の指差しで「はい」「いや」など、心を投影する言葉を表すことができたら、世界が広がるだろう。

支えがあればやる気に繫がる。みんなに心を開いてくれるときが来るだろうと期待しながら、今の出会い（訓練の名のもとに）を大切にしているが、まだ応えきれてはいないのが残念である。

（二〇一六・二・二〇掲載）

5　成功はやろうとした一歩から――そのやる気をどう育てていけるか？

正月早々、風邪で寝込んだ。昨年の年末になかなか寝付かれず、午前三時頃に起き出し、寒い北側の自室にこもり、パソコンや、新聞の記事の整理などを二日程続けたことが原因だったかもしれない。体がぞくぞくし、熱も出てきた。高熱ではないが、体がだるく、気力が湧かない。

寝始めると、腰の痛さが増して、立ち上がってもふらつき、腰をかばいながらのそろそろ歩きのありさま。熱が動きを緩慢にしているのか、それとも八五歳という老化が少しずつ体を衰えさせているのか、不安が広がる。動けず、寝るしかなく、医者の処方に従って薬を飲み、所在なくしていると、悪いことばかり思い出す。うつらうつらしながら、夢と現《うつつ》をさまよっているような思いが頭の中を巡る。

去年の暮、兄が亡くなった。二歳上の八七歳、兄弟の多い佐藤家の最長老、何かと相談に乗り、また問題があれば指南に当たった兄だったが、七十代後半に胃癌、胆管癌が見つかり手術、快方に向かうかと思われたが、その後が思わしくなかった。

「食事がおいしくない」とぼやいた。胃の三分の二を切除すれば、普通食に戻るまで、おもゆ、おかゆと負担の少ない食事を摂り、徐々に量も増やしていくのが普通なのだが、どれを食べてもおいしくなくほしくないと言う。抗癌剤の投与もあり副作用とも思われたが、そんな状態が長く続いた。食べなければ体力の戻りも悪いと思うから、無理に押し込んでも食べたと言う。どうも胆汁が不十分だったのか、消化する働きが悪くなったのか、処方も調理の指導も受けたが、やはり思わしくない。結果、体力が徐々に落ち込み、痩せていったようであった。

小生の誕生日には、人生訓ともいえる短歌を一〇首余毎年送ってくれるので、去年も待っていたが空振り。どうしたか案じつつ、兄の誕生日に合わせて、文明堂のカステラを届けた。すぐ返事があったが、声がかすれ、力なく感じた。どうしたとも聞き返せない。同じ仙台にいる妹に様子を知らせてくれるように頼んでおいたところ、不安が的中。その翌日に呼吸器不全で入院したと言う。早速、弟、妹と示し合わせて病院を訪ねた。運よくと言うか、本人の望むようにして良いということで、医者の許しを得て、自宅での見舞いとなった。昼を家でと用意してもらった好物の寿司だったが、手もつけず、「よく来たな、」「遠いところ……」。あまり言葉にならず、ずうっと目をつむり、時を待つかのような風だった。会って驚いたのは、目の窪みが目立ち、頬もぐっと痩せた感じに思えたことだった。体力の消耗を避けてか、みんなに気遣いながらもほとんど話すことなく、ただただ静かな顔を見せていた。「食事がほしくない、おいしくない」と言い出してから、長い時を経て、体力の衰えを見せていったかに思えた。食べないことが自力で力を創れなくなった姿なのか。そんな思いが頭をよぎった。

そして四日後、病院で息を引き取った。苦しまず、静かな寝顔だったという。力尽き果てて目を閉じてしまったのか、やるせない寂しさを覚えながら見送った。

話題が戻るが、風邪で寝込み、普通に動けるようになるまで、一〇日余かかった。正月恒例の新春餅つきも意気込んでいたのに、ごめんの連続。結局リハビリ（体ほぐし）を再開したのは一月一八日にずれ込んでしまった。

この期間、自分はぐずぐずしていて遅れを取り戻すのに精いっぱいだったが、子どもたち（青年だが）は違っていた。一日一日、新しいことに挑戦し始めている様子を見て、目を見張ってしまった。

O君は毎日「ホッサ手帳」をつけ、自分の健康管理の一助にしてきた。発作のない日が何日続いたか、一カ月近くになることがしばしばあり、その都度嬉しさを何度も語った。気が緩むと妹の家でのんびりした折りに起きたり、過度の思い込みやマラソンなど緊張する場面とかに起きるパターンが見つかったり、その都度反省や自覚に変わってきていた。ここ三年余続いている記録メモも、ここ一年余は日記風な記述に変わり、生活の記録に変わりつつあった。

そのO君が「ホッサ日記PLUS《プラス》」を虹の会のホームページに書き込んでもらったと、告げてきた。実際ホームページを開けてみると、しっかり綴られていた。驚きよりやったね！　の思いが強かった。今まで、私との連絡手帳だったものが、数ページにわたる書き込みには、虹の会の一員としての位置取りを確かなものにしたいという願いが見て取れた。みんなに見てもらって、自分を分かってもらい、仕事や生活でのアドバイスも受けたいということなのかもしれない。入力はまだスタッフに頼りながらしているが、将来はもちろん自分で書き込めるようにしたいとも言う。

O君はA君と一緒に風見鶏というアパートの一室を借りて、共同生活をしている。しかし、この二人の間に会話はほとんどない。一緒に寝起きしているが、互いにまったく干渉しない。O君は自炊し、ご飯も味噌汁も作る。おかずはスーパーで買う。黙々と一人で食べ、弁当も作り、働きに出る。一方のA君は朝夕、作業所のスタッフが作ってくれる食事を事務所で食べ、自分のペースで部屋に戻りシャワーを浴びて、勝手に寝る。〝交代〟とか、〝どっちが先〟といったこともない。不器用な二人の生活なのだが、シェアハウスのつもりなのか、不干渉が生活を逆に保っている感じである。掃除なども分担してやったらとアドバイスをもらうが、口の重い二人には、どうすればそうなるのかが見通せず、考えつかないままで過ごしている。各々だから、不自由でないのがまた面白いともいえる。しかし、これも気づくにはもっと一緒の暮らしが要るのかもしれない。

そんな中で一歩社会というか、自分を外に出し始めたのがO君の「ホッサ日記PLUS」と言えよう。新しいことが生まれるまで、何年も周りと関わりながら、気付き、見つけて来たのだろうと改めて思った。自分を変える一歩、それを歩み出したことが素晴らしいと思った。

もう一人はI君。自分も体ほぐしだけでなく、本を読んだり、漢字の勉強をしたいと言う。他の人が読み書きをして話題にしていることから、自分もやりたいと言ってきた。パソコンを使って印字し、通信文も書くが、漢字変換でつまずくことがある。音・訓の読みの違いで困ることがある。間違いを少なくするためにも、本の読みをまずやってみたいと言う。周りから、取り残されないように、自分もしっかりした文章を書きたいと願って、本を読んで内容をしっかりつかみたい、間違いを少なくして、思いを周りに伝えられるようになりたいと言う。毎日思っていることを活かして生きていくために、仕事をしっかりやって行くために。虹やのことをもっと知らせるために、もっと基礎から、やり始めることが必要と感じ始めたからかもしれない。I君はリーダー的存在でもある。その自覚をより高めることも願っているようである。

こんな変化が少しずつ芽生え始めて来ている。どう動き出させるか。関わる者として、視点を改めて考え直さなければならない。

子どもたちが自分から意図して動き出したとき、本当の成長がある。

動き出すまで、共に動き、顔を見合わせて一緒に語り、一緒に食べ、触れ合っていくのが鍵。そのためにこの六〇年をかけて探り続け、共に生活し、寄り添い続けてきたと言っても良い。

一回だけでもいい、にこっと笑うだけでもいい、自分から相手に発信してほしいと願ってきた。一緒に寝てくれるだけでいい、合宿で枕が変わったり、母親でないと眠れず、熱を出してしまう子が仲間のそばで安心して、寝息を立ててくれるだけでいい。そう願ってきた。

車椅子に縛りつけられていて、荒い呼吸をしている子の背中に、そっと手を忍ばせてやると緊張が緩み「ほっと」息をつき、〝ありがとう〟というかのように澄んだ目を向けてくれるだけでも嬉しかった。自分から手を繋ぐ自閉の子。先生の顔を見ながら先生のおかずをつまみ食いすることもむしろ嬉しい一面でさえあった。

だから、自分から学びたい、やってみたいという意欲を見せてくれたことは、本当に嬉しい。きっと結果が出て、みんなの前に公にされ、一時でも褒めらて、拍手が返って来る。本人にとっても周りにとっても嬉しい瞬間である。〝やったよ、先生〟そんな自慢気な顔が見たい。〝忘れものだよ先生〟。「ありがとう」と私に言われて自分はサッと逃げ隠れてしまう姿が初々しく思い出される。

褒められることはめったにない。どちらかと言えば叱られてばかりの毎日である。話は聞いてもやり方が分からないから、ぐずぐずする。「返事しろよ」とか、「〝はい〟と言え」と高飛車な叱責や指摘が飛び交うことがある。そうなると強い語調に圧倒され、今注意されたことや、考えたことが飛んでしまう。長いこと指導を積み重ねてきて、「指示」「禁止」「命令」をしない話し方や、接し方ができないものか追い求めてきた。そして子ども自身から動き出すチャンスを作ろうとしてきた。社会規範に合わせるのではなく、子どもたちの成長に合わせて、子どもたちの動きの中から、子どもたちの願いを見つけて、子どもたちの力を信じて、支えていく方法を模索してきた。

笑顔は作れるものではない。多くの信頼と絆を代弁する心の動きである。また、ぬくもりを分かち合う手と手でありたいと改めて思う。

風邪で寝込みながら、思いつくまま書いてみた。

（二〇一七・一・二〇掲載）

6　互いに心を通わせ、一緒に学んでいこう

二〇一七年四月一六日と二三日、ＮＨＫのＥテレ放送の「虹の会　スーパー猛毒ちんどん」と題したドキュメンタリーを見た。顔にドーランを塗り、思い思いの表情をエキゾチックに描き、髪を染め、

衣装もド派手に着流し、バンドを背景に大声で歌いまくり、踊っていた。

初めて見た人は、一瞬、これ、何？　何のショー？　何を狙って、ここまで大胆にやるのか？　と疑問が湧くほどに、どぎつい趣向だ。また、歌う歌詞は「がんばろう」「インターナショナル」などのフォークを始め、「見上げてごらん夜の星を」「全人類肯定曲」の曲もあるが、何と言っても自分たちの思いを詞にし、作曲したオリジナルな歌が圧巻である。

「いじめ」「にじやの歌」「こわしてあげる」「あんまり大して変わらない」など、中でも「いじめ」は、

おれたちは　せんせいに　いじめられた
ようごがっこうのせんせいに　いじめられた
うごきが　のろいって　けられた
こんなもの　できないのって　なぐられた
きゅうしょくを　くうなって　いわれた
きょうしつに　いなくてもいいと　いわれた
あのせんせいは　おれたちのことを　たすけては　くれなかった
どうせ　なんにもわからないって
しょうがいがあるだけで　ばかあつかい

と大声で歌いまくった。何に向かって、自分の今、青春をぶっつけているのか。今その先生たちに

向かって、猛烈な抗議をしているともとれるぐらい、声を涸らして歌いまくっていた。いじめられたことに抗議してか、自立している姿を見つめ直してほしくてか。どんなに障害が重くても地域で当たり前に暮らしたいという思いを、世の中に向かってぶっつけて、生きている証を見せようとしている。にじみ出ているみんなのつぶやき。くやしさ。何も言えずに、いつも上目使いに見て、道の片隅をおろおろ歩き、唇をかみしめることしかできなかったあの頃、あのときの思いを、みんなで繋ぎ、書きあげていった詩である。生きていることを示したくて、生きていては駄目みたいに言われるのに腹が立って、当てもなく振り上げたこぶしを振り落すように、言葉にし、曲をつけて歌っている。

去年起きた相模原での殺傷事件も他人事とは思えず、みんなで話し合って新しく歌にした。虹の会の誰かが殺されたらどうなるか？　おろおろするだけか？　いや、どうして殺ったんだ!?　抗議の嵐を巻き起こせずにはいられない。だから、もうおとなしく黙っているのは限界、このままで死んでたまるか、このままで一生終わるものか、おれたちの人生。これから手を携えて楽しく生きていこうと「ジュリーでいこう」（栄光に向かって）と題して新しく歌い出したのが、今回のスーパーちんどんの締めであった。

それら生きる力を自分のものにするために、虹の会では親元を離れて、友だちとマンションの部屋を借り自活している。

みんな友だち、そう思えるみんなのいる場所がよくて家を飛び出してきた者もいる。

施設で荒れる行動を抑えるために薬漬けになり、何もしないことが安全だと自分の願い（荒れる陰にあるもの）が打ち消され、夢遊病者のように生気をなくさせられた若者もいる。

自分から志願して、ここでみんなと仕事をし、自立していこうとリーダーを自認している者もいる。母も妹もいて、多くの友だちや先生に囲まれて育ってきたが、自活に魅力を感じ、仕事を一緒にしたいと飛び込んできた青年もいる。大切にされてきた分、みんなと仲良く暮らしたいと願っている。言葉数は少ないけど、仕事に芯を持ち、体力勝負に賭けている。

言葉は、「あい」「どう」「どん」くらいしか話せないが、それを言いながら動作や顔を近づけて自分を伝え、生活している者もいる。パターン的な所作があり、混乱すると発作的に荒れ、飛び出し、噛みつくなどの行動を起こしてしまう。ごみが気になり拾い、位置がずれていると落ち着けないのか直して歩く規格人間。でも良く見、良く聞き分け、今何をするかを自分なりに見つけ、みんなに合わせて共同生活をしている。

自宅から四〇分徒歩で通い詰め、マイペースで虹の会に来ている子もいる。品物に触り、持ち運びすることを自分の仕事にして、みんなの会話の中に入って受け答えしながら楽しんでいる。時間に合わせて昼ごはん（やきそばが定番）を買いに行き、決まった場所で食べる。過敏な気性で受け入れを拒む警戒心も強い。それが持ち味にもなって人気もある。踊りが大好きで、いつまでも踊り明かすチンドンの看板娘である。

一人ひとり皆個性的だが、仲間意識は強い。このドキュメンタリー番組の中で「専従の人に頼らず、自分たちだけで旅行したい」という提案をリーダーがする場面が映されていた。しかしリーダーが「逆切れするから」と、ある一人を連れて行かないと発言したことから他の者が猛反発。冗談なら許せるが、本当なら僕らも行かないと流れてしまった。「誰も仲間外れにしたくない。虹の会は仲間外れにする所ではない」と詰問され、リーダーが「一人をのけ者にしてごめん」と謝り、一件落着した。こんな仲間の繋がりが虹の会であることを皆で確認し合った事件だった。誰も「普通」を押しつけない。それでいて、みんなおおらかで、いつもドジったりして大笑いしている虹の会なのである。

会議は苦手である。どう考えるか意見を言わなければ始まらないからである。考えが言えればいいが、話せない子もいる。相手に合わせて考えることが苦手な子もいる。でも一人ひとり自分の思いがあり、黙っていても分かってもらっていると安心している。また、パターンを変えなければついても行けるが、新しいことをするときには受け入れまでに時間がかかることもある。言わないのは賛成なのか反対なのか、それも察し、両方認めていくやり方でないと、納得しないし、落ち着けなくなる。

でも、虹の会での仕事（回収、仕分け、整理、値付け、レジ、売り子、掃除等）は皆で決めて、納得して取り組んでいる。働くこと、動くことが大好きであるが、得手、不得手もある。長くやれる人も疲れの溜まる人も、ストレスになる人も、時には発作を起こしてしまう人もいる。皆個人のペースを互いに守っていかないと分解してしまう。ガラスのような弱さもいっぱい持っているからである。それでいて、月の売り上げ目標を完徹しないとみんなの給料に響く。給料は毎日の食事、日用品、そして飲みに行ったり、遊びに行くお金になる。中でも遊びに行くお金は貸し借りができるルールがある。行きたいのにお金がないから行けないではなく、給料日に返す方式だ。みんなで楽しむ機会をなくすようなことはしない。「我慢」は虹の会では禁句である。「みんな一緒」が一番なのである。

生活しているのだから、何が起きるか分からない。見に行きたい、食べに行きたい、飲みたい、着てみたいことがいっぱい起こる。そのとき、どうするか？　できないからやめるのではなく、どうしたらできるかを考えるようにする。「がんばれ！」も禁句である。自分で越えられないから困っている。一つでも明かりが見えたら、何度も挑戦し、やれるようになったら、一歩ずつやってみる。自分から動き出せるようになるのを待つしかない。待つことが肝心と決めている。

私としているリハビリも、体ほぐしをしてもらうだけではつまらない。「ホッサ手帳」を作って記録につけながら自分の生活を見直しているO君、書きながら、周りのことも見え始めて来た。店に行って、障害者への偏見を聞き驚くと共に怒りも感じたと言う。一緒に話し合うことで新しい発見もでき、共感も出てきた。

「ぼくのブログ」を書き始めたI君。てにをはが抜ける文が目立ったり、読み方でも拾い読みをしていることが分かり、文節ごと、言葉ごと、意味も読み取るように、指でなぞり、区切って読む練習を始めた。読み書きの障害というより、文字に取り組んだ最初の経験がよくなかったことが原因かと始めからやり直している。

話せないけど、文字の分かる子に変わりつつあるK君。

体ほぐしの順序はパターン通りに覚えてやってくれる。今、文字カードに挑戦中だ。「は」は歯、「み」は耳、「め」は目、「か」は自分の名前を指すようになった（間違いもあるが）。また、書くことも挑戦もしている。手を添えて、「なまえ」「ま」「は」「め」などを繰り返し書いている。不確かでも進んでペンを持ってくれるので、これからが楽しみである。

心を通わせ合うことは互いに了解し納得してできること、同じレールに乗れることでもある。そして新しいことに気持ちを広げていけるようになる。認め合い、学ぶことから、生活が広がる。そのようにして自分を見つめ直し、また社会に眼が向くようになることを期待している。

（二〇一七・五・二〇掲載）

7　子どもの心を読み取り、寄り添って共に生きよう

ある事件が起きた。

この事件のことを書く前に、本人のプロフィールをたどってみる。

子どもとはもう言えない身長一七〇センチ、体重七二キロ。少々太り気味だが、張り詰めた筋肉は逞しく、ひげ面も初々しい二五歳に届こうという青年であるK君。自閉症のうえ、重い知的障害があり、話せても数語という、相手に自分の思いを伝えるコミュニケーションに大きなハンディを持っている。もちろん字はまだ読めない。

「アイ」はハイの返事。（うなずくだけのときもある）「ドウ」は相手に聞きただすようなときだ（顔を近づけ、せかす仕草もする）。「キャー」という奇声は、嫌なときに発する。声を出さず、相手にそっと手を出し、触るときもある。先日、母が会いに来ていたとき、そっと近寄って、肩に触ってすぐ離れ

たが、〝おれはここにいるよ〟と伝えたいような仕草だった。後は何も求めてはいない感じでいつもの自分に戻っていた。

通りすがり、顔を合わせ、ハイタッチするオハヨウの挨拶。「今日もよろしく」とも取れる合図。もともと体の触れ合いは好きではない。むしろ肌が敏感なほうで、くすぐったがりなので、スキンシップなども好まない。保育園の頃はよく服を脱ぎ、裸で走り回っていたこともあったと言う。手を取れば、警戒心が働くのか、嫌がり逃げ出したり、奇声を上げたりする。小さいときの抱っこなども反射的に嫌がったりしたこともあったのか、甘える姿はあまり見せない。

しかし、少し離れたところから、みんなの動きや話を良く見、聞いている。みんなで歩くときも、追い立てられるのは嫌いで、一番後ろからついてくるといった感じだ。朝の体操やランニングなどは、最後尾をゆっくりマイペースで歩く。追い立てられてやっと小走りに走る程度（しかし本当はすばしっこい走力は持っている）。柔軟体操やラジオ体操なども、みんなの輪の中にいるものの、省エネを決め込んでいて大きく腕を振る、腰を曲げるなどはしない。それでいてレコードのリズムに合わせて、順を追って前かがみ、腕振り、ジャンプとスムースである（ラジオ体操の順番をすべて知っていて、マイペースで賢い参加の仕方をしている）。

パターン化されていれば、次は何をするか分かっており、回収して来た提供品の積み下ろしなどの手渡しの輪の中に入って、受け取り、受け渡しを皆とほぼ同じようにやる。重くても平気。みんなでやっていることだし、声掛けもいっぱいあり、マイペースというわけにもいかない（かといって自分から進んでとまではいかない、自分の順序へのこだわりなどが少々邪魔をして、はみ出すことも多い）。

自分の仕事として、決められた値段のラベルを決められた品物の決められた位置に貼り、糸を通し、それを収納するダンボールに積み入れる。手を休めることもあるが、みんなの掛け声の中で、何とか仕事になっている。根気が続かず、トイレに立ったり、水を飲みに行ったりなど、自分のペースを守りながらも一緒の輪の中にいる。

私との体ほぐしもいつも同じパターンで進めているので、その順を覚えており、正確にこなす。座ってあいさつ（うなずく、「アイ」と言う）から始まる。元気？　と聞くと握りこぶしに力を入れる（元気の仕草）ごはんは食べたの？　頬に手をあて、「アイ」（おいしかったの仕草）と答える。「拍手！」と言えば体の前で八呼間（八はラジオ体操などの区切り）、次いで肩を起点に前後左右、上下と矢継ぎ早に手の曲げ伸ばしをする。次に「シーソー」というと開脚して、腕を差し出し、握り合い「一」で私が引き「二」でK君が引く。寝るところまで体を倒し、起き上がりを八呼間繰り返す。その間互いに目を見合って、号令をかけ合う。次に両足を閉じ、その上に私がまたがり手を差し出すと手を握り、起き上がり運動を繰り返す。横回り、仰臥位で腹部のリラックス。膝の屈伸、伏臥位で背筋を広げ、足蹴り、足裏広げ。足指動かし。触った箇所の動きを確かめていく。「次、座って！」と言えばサッと座るときと、その気にならず、ぐずったい感じになるときとあるが、「背中！」と言えば、後ろを向いて正座する。首、肩回し、腕回し。「耳につけて、大きく」と言ったときは、万歳に近く腕上げをしてくれる。「立って！」と言えばサッと立つ。両足を広げ腰をかがめる。相撲の仕切りのように手をつき、立ち上がる（中腰で床にちょこんと手を付けるだけだが）。足踏み、ジャンプは自分から飛んで、終わればさっと体重計に乗る。七二キロと確かめてからグラフに記入する。それを確認するかのように見てから文字カードの練習に入る。拾ったカードも一枚一枚キチンと揃える。この几帳面さは自閉症のこだわりの一面でもあるが、本人がそれを終えたときの安堵感にも繋がり、穏やかな表情になる。終わって「おしまい」と言えば「アイ」とピョコンと頭を下げる。

K君はけいれん発作も持っており（中学二年生時に発症）、季節の変わり目などに頻発するので、投薬を受けている。精神的に追い込まれたり、自分のパターンにない難題にぶつかると混乱し発作の引き金になったりする。倒れることはほとんどないが、目が据わり、別人格のような所作を起こす。声を出し、走り出すことがあるが、K君は近くにいる人の腕や肩を噛む所作をする。自分でコントロールできない不安からくる衝動行動なのか、または、かつて、「正真正銘のバカだ」と言われ、保育園の友だちを噛んだトラウマを今も引きずっているのか、相手かまわず噛んでしまう。幼児期のトラウマが関連するか否かは定かではないが、それ以外想起できないのが実際である。怒られ、正座させられ、きつく叱責されるが、落ち着くといつものK君に戻って行く。

K君には自分なりのキャパシティーがあるようで、予想外のこと、難題、パターンにないことへの抵抗がある。混乱し始めると、目が据わり、強い拒否的な所作を垣間見せる。みんなは当たり前に聞き流せることであっても、K君にとっては逃げ道がなく、正面から向き合わされてしまうと、どうしたら良いか分からなくなってしまうのかもしれない。生真面目で融通が利かない一面が混乱と苦しみの要因とも察せられる。

今、K君のいる虹の会では、朝みんなで作業場で食事をする。昼はコンビニなどに好きな弁当などを買いに行く。時にはみんなで連れ立って飲みにも行く。またときには、外食もみんなで行く。事件はみんなで食事をしに行こうと言うときに起こった。

仕事が終わりイベントに向けての歌の練習も終わって、〝さあ、少し遅くなったから、夕食をたべに行こう〟と決まったときだった。K君は自分の財布にお金が足らないことを知ってか、「行きたいがお金が足りない。どうしたら良いか」思案したあげくか、話せないK君は、いつもお金を出してもらっている（管理してもらっている）スタッフのOさんのバックから、しかも縛ってあった風呂敷をほどいて財布を取り出し、Oさんに自分の財布と一緒に突き出した（「僕も行きたいから、お金をください」という意味か?-）。話せないから、実力行使に出たのかもしれない。しかし、これはOさんの財布を黙って勝手に持ち出したということであり、問題になった。お金の貸し借りは、虹の会の内では許される不文律があったが、黙って借りることは許されず、財布を盗んだということになった。

「それはいけない。泥棒をした」として、お仕置きで正座させられ、叱責されてしまった。スタッフのOさんも、黙って持ち出したことについて、いけないことだと分からせるいい契機になるだろうと、強い叱責になったのは分からないでもなかった。その様子を見ていたみんなも「財布を盗んだ」という非難の目も注がれた。ある子はこの日のことを日記に「KはOさんのお金を盗んだ」と書き記してしまった（私はこの日記で初めてこの顚末を知った）。

もしみんながK君は泥棒をしたと思っているとしたら、大変な勘違いをしていると思い、日記を書いた者に、いろいろ問い質してみたが、思い違いをうまく訂正することはできなかった。

「盗む」「泥棒」という言葉は分かりやすく、誰でもしてはいけないということは知っている。しかし、K君のしたことは盗んだことになるのか？　どろぼうしたと言えるのか？　K君は反論ができないから、みんなに言われるままでは、K君の思い、K君の人格はどうなるのかと考えさせられた。

黙って持ち出したから、泥棒まがいになるが、自分の財布とOさんの財布を両方差し出したことは、「お金ちょうだい」と言っている行為に思えた。人に知られず、人の財布からお金を取り、誰にも見つからないように使ったのなら、本人に盗む気があって、盗んではいけないと分かりながらしたことで盗みと言えるが、K君にとっては自分の意思を伝えるための最大の手段だったのではないか？　盗んだと見るより、K君の生きる力を感じ、みんなと一緒にいきたい思いだったのでは？　と思った。K君に、「その行為は駄目だよ」と諭しながら、K君の主張を成長と認めていきたいと思った。

親元を離れて、仲間と一緒にアパートで暮らしているK君は、みんなに助けられながらも精一杯一緒に働いている若者である。こだわりはあるが、悪さを知らない天真らんまんなK君にエールを送りたい。

（二〇一七・六・二〇掲載）

8　言葉をていねいに、やさしく使いたい

今、全身緊張で、自分の体を自由に動かせないでいる脳性マヒのRさんのリハビリに取り組んでいます。

最初は体に触っただけでピクンと体を跳ね、両腕を上に上げ、背筋を強く締めてのけぞり、お腹も

逆に強い緊張で、足を前屈させて丸まってしまいます。自分の体がどう動いたかなども感ずる間もなく緊張の塊のように転がります。手も体から離れません。手を前に引こうとすれば、その倍の力で戻そうと、力同士が喧嘩をしてしまうありさまです。

この緊張をほぐすために、「力が入ってる」「緩んでいる感覚」を分からせ、動かせる手足の感じや呼吸が、楽にできるように静的弛緩誘導法による手法で訓練をしています。緊張している部位の二点に手を当てて、その間を「ひろーくしてごらん」とゆったり触りながら広くなる感覚を呼び戻そうというわけです。そうして今まで体をきつく締めていた感覚と反対の感じを分からせるためには、やさしく言葉を掛け、温かい手で触れて、しかも静かな雰囲気の中で進めなければなりません。

まだ一人で座れません。股関節も内側に締め付けていて開きません（そうしていないと自分の体でない感じを持っている）。あぐら位のように股を広げると痛がり、「足を伸ばしたい」と痛みを訴えてきます。膝と足首にやや拘縮（筋の硬さ）もあり、曲げ伸ばしなども自分ではできません（無理に広げれば腱を切ったりするので、無理は禁物です）。初めはどこを触っても緩まず、触るほど反射的に緊張させてしまいます。

体を緩めて、「ああ、楽だ。息（呼吸）がゆっくりできた」という感覚を呼び戻そうと試行錯誤しながら訓練をしているところです。そのうえ、体重も六〇キロ強あるので、転がすのも、体を起こすのも一人では動かせないこともあります。もちろん抱えるには強い足腰、腕力による介助が必要です。それでも足裏を叩きながら、足首を包みながら屈伸をし、押す感じを誘導しながら、足の役割を分からせようとしています。

手も、握り込みが強く、特に拇指に強い力が入り他の四指の動きを制約していて、指を開く、物を握るなどの手の動きも難しい。鎖骨とその下の部位に手を当て、腕の前出しをゆっくり繰り返し、手首、拇指の動きを抑えながら、手を開かせ、ゆっくり膝に近づけていきます。背筋も緩めていくと腕が前に出せるようになり、緊張しながらも前で体を支える位置まで手を持っていくことができるようになりました。手を体から離せるようになると、手で支える感じが分かります。こうして手を使って座位をコントロールする役目を身に付けたことになるのです。

股関節を緩めながら短時間なら、あぐら位が取れるようになり、座位がもうすぐできそうなところまできました。また、立ち上がりの練習も始めました。足裏で床を押す(踏ん張る)、一緒にお腹を広げるように補助して、背後から体を支えて立たせることもしてみています。トイレで立てることができたら(少しできつつある)、どんなに自信に繋がるでしょう。首ものけぞるか、前かがみになるかで、まだ思うようには動けません。足裏のタッピングをし、足が床についている感じを分からせます。「ここが足だよ」「床についているよ」と話し掛けながら、足で蹴ったり、膝が伸びる感じを分かるように屈伸を繰り返しています。反対に足を縮めてくれれば、自分でその部位の動きを感じ取っている証拠なので、触りながら広くすることを繰り返しています。指と体の緊張している部位との静かな対話を二人の指感で続けています。

こんな風に全身のリハビリに汗だくで取り組んでいるところです。

もし、強い語調で言ったら、逆に緊張が走り分かりかけた感覚も台無しになります。緊張を緩ませ、新しい初めての動きが感じ取れるようにし、その動きができるように指示していきます。新しい動作を覚えさせる寸法です。

まだまだですが、ときどきお店の中で、「いらしゃいませ」というRさんの声を聞きます。息の使い方がうまくできるようになっているからだと思います。呼び込みができることは、売り子の役割が果たせたことになります。店の中で一緒に働いている証拠です。体の緊張が緩むと、自分の行動範囲が広がります。みんなとの話にも参加できて、自分を主張することにもなります。今少しずつそれをやっているところです。

そこで改めてお願いです。

突然話し掛けるのではなく、顔を見て（「○○さんだ」と互いに確認して目を合わせてから）、「おはよう」と言ってください。毎日一緒にいる友だちは、仲間だから安心します。握手しても、肩に触っても心が通うことが嬉しいものです。

会っても何も言わないのは無視されたようで、淋しいものです。まして、車椅子でドンと陣取っているので「おい！　邪魔だ！」など言われると神経がどっかで切れてしまいそうで怖いのです。みんな不自由を持ちながら、仕事をしています、できないと責めるのではなく、応援してほしいし、そんな言葉かけが嬉しいのです。障害を持って困っていることは本人が一番知っており、少しでも乗り越える方法はないかいつも考えているからです。

気合いをかけるのも悪くはありません。個人に向けられたものではなく、みんなでやろうと盛り上がるような合言葉なら、体を緊張させるようなこともありません。

とにかく、体がゆったりできると、楽に呼吸ができます。スムースに声が出ます。ゆっくり噛むことができれば、味も分かり、おいしくいただくこともできます。唾液や胃液などの消化液も自然に多くなり、食べた実感が湧きます。

生活にもゆとりが生まれます。緊張して食べていると、無理に押し込んだり、噛んでもこぼすことが多くなり、うまく食べられなかったことだけが悔いとなって後に残ります。おいしく食べられることがどんなに生活を豊かにして行くか分かると思います。

文字を書くところまではまだできません。でも読むことはできます。読んで話せるのですから、自分の気持ちを口述しながら、書き留めて行くこともできます。これにはいつか挑戦してみたいと思っています。

お腹を広くしながら、手を当てていると、腸が動き出すのが分かります。ごろごろといった感じが手に伝わってきます。お腹は「ゆっくりさせてくれてありがとう」と言っているかのようです。そんな体の声も聴きたいと思っています。

今回は、Rさんの訓練を通して、体がゆったりすることの意味を書いてみました。

（二〇一七・七・二〇掲載）

9 小さな一歩

作業所の旅行や、盆休みが入って二週間ぶりに子どもたち（本当は二〇～三五歳までの若者、青年淑女たちであるが、八五歳のおじいさんから見ればその言葉がふさわしい間柄に思える）に会った。

八月一六日（水）いつもの時間一二時、送迎の車で「虹や」（リサイクルショップ）の三畳ほどの休憩室に行くと、敷物が敷いてあって、小道具（ペン、マジック、本、ノート、机、体重計）が片隅に並べてあって、準備万端整えてある（最初に来た訓練の者が準備することにしてあるらしい）。着くやいなや最初のA君と正座して向き合い〝お願いします〟の挨拶で訓練に入る。

最初に日記の読み合わせ。仕事のこと、食事のことなど書くパターンがあるのか、いつも同じスタイルの文になっている。感じたことは？　と聞くが、入り込む余地がない感じで、マイペースを守り続けている。

「どもる」（語頭の音が詰まる、繰り返す）をなくすことが課題だが、その治療方法として、お腹を緩ませながら、ゆっくり吸い、ゆっくり吐くというように楽に呼吸するように仕向けるがなかなかうまくいかない。真面目に吸い、一生懸命吐くので、楽な呼吸にならない。ゆっくりを一生懸命やろうとするので、その感覚がつかめない。動作も同じで、足をぶらぶらさせようとしても、ぶらぶらを自分からやろうとするので、腰や足首に緊張が入ってしまい、緩む感じが体感できない。直立不動の姿勢で生活をしている感じがする。

しかし、単語や挨拶文をノートにメモし、それを読むときはほとんど詰まらないで読める。本も文として捉えて読み、漢字もほとんど読める。エッセイや詩集もスムースに読むが、その内容について聞いたりすると、膝をゆすり、首をのばし最初の音を繰り返す。息と声帯は別々に動き出し調和した音になって出てこない。呼気と言葉と口形の連携がうまくいかないことが課題となっている。

次に口下手なO君。初めからあぐら位で、目で合図して始める。まずは日記で、一週間の発作の様子と生活の中でのできごとの報告、次いで右手マヒのリラクゼーションを中心に全身の動作訓練。それを終えると、朗読（物語や、啄木の本――朗読会のテキスト）をするが、今日は日記の所でほとんどの時間を割いた。

〝ぼくが分からなくなった、どこではたらいているかも、思い出せなくなった〟という。日記にも〝どうしてここにいるのか、ここはどこ、ぼんやりして思い出せない〟と、もっとしどろもどろに書きなぐっている。実は八月三日に、仕事を終えた後、トイレで吐き、そのまま意識が薄れて倒れてしまった。発作か？　熱中症か？　熱も三八度と高く、脳内で何が起きたのか分からないまま、救急車で病院に搬送され、入院したという。熱が下がり、意識が戻りかけたが、記憶もあいまいで、「ここはどこ」と？　見回して少しずつ思い出すが、六日にやった秋ヶ瀬フェステバルの「猛毒チンドン」のイベントのことも、七日から三日間行った黒部の旅行のこともあまり覚えていない。そのため、とても、不安だったことを訴えてきた。

NHK放送の「バリバラ」で、「虹の会は、仲間が第一」と友をかばい、意見を言ったときの気力もなく、「おれはどこにいる、ここにいてもいいのか？」と自問し続けたらしい。やっと今日になって笑いながら話せたことが嬉しく、ペットボトルの水をごっくり飲んで落ちついたと話してくれた。

一瞬奈落の底に落ち込み、這い出して、やっと笑った感じのひと時だったようだ。発作だったのか、熱中症による、脳内の異変だったのか悩み続けたようだった。薬の大切さ、水分補給の大事さを身に滲みて分かったらしい。

Rが座った!

今年四月から、リハビリの仲間に入ったRさん。車椅子に前かがみに乗って、「あれして」「これして」と周りの人をこき使う。疲れると「寝せて!」と休憩室に来て転がる。殿様ならぬお姫様然とした言いぐさだ。動作面で人の手を借りずにできたものはまだ一つもない。

ちょっと触るだけでも、びっくり反射を起こすようにビクッと体をそらせたり、丸まったりして、寝ているとき以外は緊張の塊のようなRさん。六十キロ余の小太りの体は少々の力じゃ動かせないほどの図体だ。

少しずつ緊張を緩めるように、体の部位(足裏、足首、お腹、首など)を感じ取らせ、緩む感じを分からせるように手を当て、手で包んで、関わってきた。体の前側(首・胸・腹)を広くして、首を起こし、お腹を広くして腰で体を支える感じをつかませる。内股と背筋に手を当て内股の緊張を分からせ、両足の広がりを分からせる。バンザイ位の両腕も背筋を緩めて、前に出させ、下に下げる。手のひらを開き膝に触れて叩くなど動きを意識させながら訓練を続けてきた。

そして今日、右足を前にして、あぐら位を取り、手を床に添え、顔を起こさせて、背中の支え(小生の手)を外してみた。何分かそのままの姿勢が取れた(スタッフに写真を撮ってもらう)。初めて、一人でできた座位だった。

四人目、K君

「あ」「う」「どう」。これだけで自分の意思を伝えているK君は、良い眼と良い耳をしている。言われたことを「あい」と返事をして動く。挨拶もハイタッチして交流。落ちているごみが気になり、見つけて拾う（捨て場は適当だが）。置物の位置や配列が気になり並べたり揃えたりしてこだわりながらも直す。いつか私が置き忘れた手提げ袋を覚えていて、忘れかけて帰ろうとしたとき、袋を持ってきて、「忘れ物だよ」と言わんばかりに私に差し出してくれたことがあった（しっかり見ている証拠だ）。

マイペースながらも、皆の動きを見、聞き、みんなに合わせてアパートで介助の方の手助けを借りながら、自活している。だから、分からないはずはないと文字に挑戦してみた。はじめ、名前の「かい」、大好きな「ごはん」「パン」。身の回りの「みみ」「て」「あし」「け」「は」などの文字カードを作って取らせてみた。上手くいって五分五分だったが、嫌がることもなく訓練に組み入れてくれた。

次に文字を書くことで視覚からも確かめられれば、とマジックで文字を書き始めた。「ま」「は」「て」「か」など、初めは手を添えて誘導しながら書き、その後一人で書く練習を繰り返した。線引きも○《マル》×《バツ》も書いた。カードも一文字カードにして大きさも名刺大にして、いつも持ち歩けるようにした。

今日、このカードを五枚二列に一〇枚並べて、カード取りをした。「て」と言って、手を広げて見せて「て」のカードを取るように言ったところ、ちゃんと取れた。「か」が取れた。「せ」「し」「は」「め」「み」など手を動かして「これかな」といった視線をして取ってくれた。いつもついているスタッフも「すごい」と言って褒めてくれた。このやり方は初めてだったが一〇文字も取れたのにはこっちも驚きだった。

トーキングエイド（ひらがな）の中の文字を捜すことができるようになれば。また、文字と文字を並べて、「あ」と「し」で「あし」（足）になり、そのうえ足を指させるようになればと遠大な希望を持っているが、これも夢ではないような気がして来た。

I君は気象や時事に関心がある。今日は「山の日」、今日は「広島に原爆が落ちた日」と、朝の八時一五分にはみんなにも黙禱をさせるほどの通だ。日記にも毎日違う話題を書き込み、原爆の日の記事の最後には、「こういう戦争はしないようにしたい」と意見もしっかり書いている。彼がリーダーを目指すのも、「ぼくらこれから障害者としてどう生きていくか」というテーマに考えを巡らせていることからもなるほどとうなずける。お節介だったり、冗談を言って嫌がらせをしたりもするが、友だち同士だから、絡むのも自然。仲間作りには欠かせない存在でもある。

しかし、彼にも不確かなところがあり、今小学生に戻ってやり直しをしていることがある。日記を書くが、「てにをは」がときどき抜けること。また目で文節を捉えられず、一字一字読みになる点を直そうと、絵本や文集で勉強している。絵本の音読を聞かれると恥ずかしいが、今は恥ずかしいなど言っていられない。機関紙に記事を書くにも、意見を載せるにも、必要なステップと思い直して、こどもの絵本に取り組んでいる最中である（本当はつわものかも）。

体ほぐしで始まった小生の訓練だが、子どもたちの願いを聞き入れて行くうちに、少しずつ広がり、子どもたちの自分探しの手伝いに発展している。気づいてやり直す、人として生きていく基本であろう。その一歩を子どもたちは歩み始めている。

そして、子どもたちはきっとできることを実感した体ほぐしの一日であったように思う。

（二〇一一・七・八・二〇掲載）

第八章　**随想**

1　歩かなければ、道はできない

先日、書家の相田みつをさんの記念館に行きました。相田さんの書は、誰もが日々思い、感じることをそのまま言葉にしたものです。そんな彼の書が、私に話しかけてくれました。

道

歩くから道になる
歩かなければ　草が生える

みつを

小さいとき、住んでいた田舎の畦道を思い出しました。畑へ行く道は、雑草がいっぱい茂っていました。そこには三本の道ができていました。真ん中は人が歩いた跡、外側の二本はリヤカーの車の跡にできた道でした。大根の植えてある畑まで、兄と一緒にリヤカーを引いて、その畦道を通って行ったことを思い出しました。行きは空の荷台に、変わりばんこに乗りっこし、帰りは二本ずつ束ねた大根を、盛り上がるほど積んで、兄が前で引き、弟の自分は後ろから後押しして、その畦道を通り、家へ持ち帰りました。土手の坂道でとっぷり汗をかき、ふうふう登ったことを思い出しました。家についてすぐ、はせ（竹を渡した干場）に架けて干します。太陽と空っ風を当て、干し大根にするのです。

また、蚕の桑を摘みに桑畑に行くときも、この畦道を通ります。桑の葉を一枚一枚爪で摘み、大きな籠に入れる。大人がすっぽり入るくらいの大きな籠を、三籠くらいリヤカーに乗せて、三本道を通って家に帰る。その運搬も僕ら兄弟の仕事でした。

家は蚕さんの部屋になっていて、わらだ（蚕の飼育用の平たい籠）が所狭しと何段にもなっていて、並んでいます。人間は奥の部屋か台所で寝起きし、家のほとんどの部屋を蚕さんが占領していたのでした。桑を置く部屋に桑の葉を広げ、葉をほぐして、霧吹きを掛けて新鮮さを保たせる。家の中は桑の葉の匂いと、お蚕さんの桑の葉を食べるカサカサという音で占められ、その音を聞いて育ったような気がします。

蚕の部屋は一定の温度に保つために、いつも、いろりに炭火があったし、部屋も明るくしていたので、こっそり入って本を読んだり、勉強したのも思い出の一つです。ここなら、電気も暖房も無駄と言われないからです。

卵から蟻のような小さな蚕の幼虫が生まれ、刻んだ桑の若葉を食べ始めてから、四回も脱皮して、コロコロとした白い成熟した蚕になっていく。真っ黒い糞も、おしっこもし、ワラダにわらを敷いたり、紙を敷いたりして、毎日取り換えてやります。赤ん坊のおむつを替えるように、糸網やわら網を敷いて、桑をやる。蚕は、その網の上に上がってきて桑を食べ、網の下には糞や食べ残しの茎だけを残す。透きとおる色になると、わらのまぶし（繭を作りやすい部屋のような物）に入れる。居場所を見つけると、口から糸を出して、きれいな繭を作り始める。その中で自分は、さなぎになって休む。まぶしから繭を取り出して毛羽を取って、きれいな繭玉にして、市場に出荷する。この間、四〇日余。繭から生糸を紡ぎ、絹織物に仕立てられていって、商品になる。

三本の畦道は、蚕の健やかな成長を願って、踏み固められたような気がする。

何をするにも、まず歩み出さなければならない。坂道も草取りもたいへんだけど、その結果がたくあんになったり、繭になったりして、さらにお金に変わったりしていく。そして生活が満たされ、潤うことに繫がる。家族みんなで働く。みんなで力を合わせて、泣き笑いしながら仕事をする。手伝いだけだったけど、父も母も兄弟もみんなでやり、助け合っていることがとても嬉しかった。その仕事の中で自分の役割があり、居場所があったことは、進学のときの応援にもつながっていったような気がする。中学、高校の頃、家が農家（百姓）であったから、暇があれば、畑や田んぼに駆り出された。猫の手も借りたいのだから、机の上に新聞の広告の裏のメモがいつも置いてあった。「帰ったら、土手蔭の長畑に（長い畑のこと）リヤカーを持って来い。母」。部活などせず、家での労働がいつも待っていた。日が落ちる頃、畑を引き上げて家へ帰る。鍬や鎌の手入れをして、やっと風呂で汗と汚れを落とす。夜になり、夕餉をいただく。後は二階の自室に戻って、復習や予習をしようとするが、まぶたが重くなって、こっくり居眠りが出てくる。その頃から、勉強は朝と決めて早く寝るようにした（この習慣は今、八〇歳近くなっても変わらないから不思議なものである）。

相田みつをの書「おかげさん」という日めくりのカレンダーを買ってきた。毎日出がけに読んで自分を戒めている。

道

道は　じぶんで　つくる
道は　自分で　ひらく
人のつくったものは
じぶんの道には　ならない

みつを

ぐち

ぐちを　こぼしたって　いいがな
弱音を　吐いたって　いいがな
人間だもの
たまには　涙を　みせたって　いいがな

生きているんだもの

みつを

（二〇一一・一二・二〇掲載）

2　消えたあの松川浦海水浴場――東日本大震災で七メートルの大津波に飲み込まれる

二〇一一年三月一一日金曜日、午後二時四六分、ぐらぐらと大きな地震がありました。私はスーパーのお店でパンを買おうと店に入ったときでした。「おっ！　おっ！」「目まい？」足が酔っ払っておぼつかない感じにふらつき、どうした？　と思いましたが、周りの棚がきしむ音、看板の揺れを見て地震だと分かりました。「地震だ」「外へ逃げろ」という周りの人の後について、外の駐車場に飛び出しました。自転車にしがみついて揺れの収まるのを待ちました。

電線が大きく揺れて見えました。みんな座り込んで「大きいねえ。家の中大丈夫かしら。近いんじゃない。震度四か五ぐらい？」と、パニック寸前のおびえた様子で、私もどうするか考えがまとまりませんでした。とにかく、家へ電話をかけてみようと携帯を押したけど、誰も出ません。妻がいるはず。二～三回押しても出ないので、買い物は止め、急いで家に直行しました。

妻は隣の奥さんと四階の自宅アパートの玄関ドアにすがって、おろおろしていました。それもそのはず、私の部屋の本箱に並べてあったビデオケースなどが落ちて部屋中に散乱し、棚の上のガラスの入った額が落ちて粉々になって歩けないようになっていたからでした。二～三回と余震が続いたので、片づけるところではなく、次の余震に備えるのが精いっぱいでした。

震源は三陸沖、つまり私の生まれた宮城県の沖です。実家はどうなったか？　テレビに食いついて見続けました（実家は内陸で屋根瓦が落ちた程度と後で分かりました）。地震は海底二四キロの所で、太平洋プレートの断層が起き、マグニチュード八・八（後で九・〇と訂正）、日本では観測史上最大の地震と報じられました。岩手、宮城、福島は震度七から六強と繰り返しています。埼玉でも震度五～五強を記録したと言っていました。テレビでは大きな揺れで物が倒れ、家具が散乱している様子を何度も放映していました。でもニュージーランドのような建物の崩壊は映し出されませんでした。

続いてすぐ大津波警報（三メートル以上に大きな波）が太平洋沿岸に出され、海面に白い波が押し寄せて来るのが写し出されました。その数分後、予想をはるかに超えた六～一〇メートルの津波が押し寄せ、あっという間に防波堤を乗り越えて街や畑になだれ込んできました。沖合ではジェット機なみの速さ、沿岸近くでは遅くなるが、それでも時速一〇キロという速さで山のように盛り上がった波が上から襲い掛かるように家を押し流し、車を巻き込んで流れ込んできました。

平野部の田畑、ビニールハウス、橋も道も防砂林も真っ黒な波の中に飲み込まれ、あっという間に何も見えなくなってしまいました。地震が起きてから二時間も経っていない間に、人も家畜もみんな押し流されていきました（海岸には数百体の遺体が打ち上げられたと後で聞きました）。一瞬の大惨事をテレビは報道していました。

青森の八戸、岩手の釜石、大船渡、陸前高田、宮城の気仙沼、南三陸、石巻、松島、名取川河口の閖上、その近くの仙台空港、亘理、福島の相馬、松川浦、茨城の大洗、名だたる漁港、観光地、そして米どころの田畑の広がる平野地を大津波が食い潰していきました。

松川浦が映し出されました。津波で総なめにされ、家の土台だけがむき出しになって跡形もない瓦礫の更地が広がっていました。虹の会のみんなで海水浴に行った丸三旅館を探そうと画面を追ってみましたが、松川浦の大橋と灯台の小山を除いて、見学した魚市場も、海苔の養殖場も、港に何百隻と並んでいた漁船も折り重なるように壊された様子が写し出され、だだっ広いゴミ置場のような瓦礫の海だけが残っていました。

平成一六年から毎夏二一年まで六年間も続けて、みんなで二泊三日海水浴に行った丸三旅館は、何度電話をかけても繋がらない。もうないのかも？　宿のおじさん、おばさんはどうなったか？　逃げる高台もない所で、どうしただろうか？　と気が気でなかった。そこには私が仙台の宮城ろう学校で教えた子もいたはずです。もう六〇歳を過ぎたが、大丈夫だったろうか。連絡も取れず、思いは悪いほうへ悪いほうへと行くのでした。

そして、災害から一一日目の二二日、一七一災害伝言板で連絡が取れ、丸三旅館のおじさんから電話が入りました。「たびたびの電話、ありがとうございました。私たちみんなで灯台の高台に逃げて助かりました。でも家は全部津波に持って行かれて、何もかもなくなってしまいました。今、山形の親戚に身を寄せています。三徳（教え子）も相馬の避難所にいて、助かりました。先生のとこ、子どもさんたち、大丈夫でしたか？　これからどうするか、今は何も考えられないのですが、何とかして立て直して行こうと思っています。これからもよろしく」と話してくれました。とにかく命だけは守れたことは本当に良かったのですが、これからどうなるのでしょうか。気が遠くなりそうな試練に遭うのは必定、心配ですが遠くで祈るしかありません。

「海水浴に行かれないね」「おじさんたち、家がなくなって大丈夫だったかね」。そんなみんなの声を電話でおじさんに届けられて大きなつかえが取れた思いでした。砂浜で埋めっこしたこと、浮き輪やビニールの船で取りっこして泳いだり、潜ったりしたこと、怖がって海に入らず、テントでじっとしていたこと、花火大会、神社での肝試し、夜釣り、何と言ってもおいしい鯛の姿焼きなどをいただいたことなど、思い出だけになったけど六年間も海水浴のお世話になったことに感謝したい気持ちでいっぱいでした。

まだ余震は続いている。二万七千人余の命が奪われました。亡くなられたお母さんやお父さんを海に向かって呼び続けている姉妹が映し出されるたびにもらい泣きしてしまうほどでした。海水浴の帰り何度も立ち寄った福島の原子力発電所では、津波で発電が止まり、放射能が漏れる事故にも繋がってしまいました。一日も早く安全にしてほしい。二六万人ものたくさんの人が家を追い出され、畑も耕せず避難生活をしていらっしゃる。温かい食事をやっといただけたといった避難生活が続いている。「今は地獄」。そんな切ない思いがよぎる。しかし、このままでは済ませられない。みんなで支え合い、手を繋いで乗り切って行くしかない。活き活きとしたもとの暮らしを現実に取り戻すまで、試練は続くのかもしれない。亡くなられた方々のご冥福を祈りつつ。

（二〇一一・三・二〇掲載）

3　人はどう生きるか、ありのままでいい
——平成二八年一二月一一日放送、NHKスペシャル「自閉症の君が教えてくれたこと」を見て

自閉症のプロの作家、東田直樹さんは、自分は自閉症から逃げられないと著書『自閉症の僕が跳びはねる理由』『あるがままに自閉症です』の中で語っている。自閉症など障害があることから、人より劣るとか、社会的に不必要な存在と考えることはない、そんなことを一度も考えたこともないと言っている。

自閉症を抱えた自分は、小さいときから、そして今でも、道を歩いていても、部屋にいても、飛び跳ねたくなったり、大きい声を出して叫んだりする。手を叩き、そこに誰がいようと、目もくれず、すり抜け、シャツをまくり上げ、お腹を叩き、他から見たら勝手気ままに動き回っていることがある。「落ち着いたら？」とよく言われる。それは聞こえるが、体はそれを済ませないと、次の行動が起こせないから厄介。みんなの質問に応えたいから、パソコンに向かってキーを打ち、一言一言文字にしながら答える。打ち終える（返事をしたことになる）一段落したと思うと、「終わり」と言ってまた跳ね出す。

自分でない自分が動き回る儀式を勝手に繰り返していると言っても良い。答えに困ったときは、しっかり考えられるように、頭を抱えて思いを巡らす。思いついたら、文字や言葉をキーや文字盤を叩きながら打って作文にする。

こんな風にして書いたエッセイが『僕が跳びはねる理由』という彼の心の本であると言う。「今、僕ができること、それは考えていることを文字や文章にすること。文章を書くことは生きることと同じ。それを作家と言うなら、僕もその一人だろうと思う」と言う。自閉症の行動そのものが言葉に変換されて生まれる。自閉症と一体になった言葉なのである、と言う。

傍《はた》から見れば、騒々しい、人前で体面というものがあるだろう、自分を抑えきれないで、大人のすることか？ と見られるだろう。

声に出しても、断片的で、対話にはほど遠い。相手の顔を見て話さない（会話ができないと評価されてしまう）。声を出しながらうろうろ歩くから、相手もじっと構えて聞くゆとりもなくなり、だんだんといらいらしてきてしまう（行動を評価してしまう）。

しかし、本人は今どう生きるか、跳ねながら考えている。そして自分を書く。今そうすることが相手している人への礼儀であると思い、相手に答える（対話していることになる）ようにしている。

人は真正面から自分の課題と向き合わなくてはならない。それが生きることだし、自分の未来に繋げて行くものだから。どう生きるかを考えるのもいいが、今を完結させること。自分の生活をすることではないか、とも書いている。

（癌で闘病生活をしている人との対話の中から）癌も自分に病みついたもの。癌を怖がることは分かるが、医学に任せるしかない。自閉症も同じ。今自分が一番幸せなこと、語らいや交流、その中に生き甲斐を見つけていくことが大切ともアドバイスしている。

「相変わらず騒動を起こす。そして僕の一日が始まる」と言う。跳びはね、歩き回る自分を周りの人は、はらはらして見ている。事故にならないようにおろおろする。それを騒動というのだが、自分は言い訳も説明もしない。

子どもの頃、このありさまから、特別支援学校に移されたことがある。今思えば、学校の先生もこの程度にしか自分を見てくれていなかったのだと見識の狭さを恨んでみたこともあったそうだ。「僕」にも心がある、さまざまな言われ方をすれば、切れることもある。感情を人に打ち明けられないから、物を蹴飛ばしたり、物を壊したり、もっと激しくなると、その人を黙らせるために、噛みつくこともしかねない。エスカレートすると、精神科の校医に薬を処方される。気持ちを抑える薬で、眠くなる副作用も起きてくる。気力がなくなり、生きることを志向しなくされてしまう。周りが自分たちに迷惑や心配がかからないように処方という名の選択を勝手にされる。治療とかリハビリとかの名前がついて、指導方針に書き綴られる。

他から良かれと思われた処方や指針、実は周りの思惑や目線で養護者や親に指示されたもので、自分には何も聞いてはくれていないし関わってもくれない。周りが指導という名のもとに、私を抜きにして扱うことで状態を悪化していることに気付かない過ちを犯しているとも言える。子どもたちにとってつらすぎる仕打ちにさえなっていることに気付かない。

子どもは静かで、やさしい雰囲気の中で楽しく過ごしたい。一緒に遊んでほしいだけなのに、社会性がない、衝動的だ、話が聞けないといったマイナスだけが表に出され、子どもの願いとはまったくかけ離れた処置や指導という名のもとに組み入れられ評価されていく。子どもにとってこれほど疎外され、打ちのめされることはない。いじめの根源にも繋がるのかもしれない。

認知症の祖母を訪ねるくだりがある。祖母は探し物をしているうちに、何を探していたかを忘れてしまうことが多く、家事をしていても気が気でなく周りをはらはらさせている。でも好きだったことを覚えていて、ホットケーキを作ってくれた。それは昔の味とは少し違ったけど、それよりもおいしかったことや、昔のままのやさしいおばあさんだったことを本でも伝えていました。やさしいおばあさんは自分の中では何も変わっていないと言っていました。やさしさで繋がる関係が距離を縮め、嬉しさでいっぱいになります。むしろ不幸と決めつけた周りの人々が困っているのかもしれません。

「自閉症の子どもの成長をどう見ていくか？　友だちは人生を左右するくらい大切なものだが、この子に友だちはできますか？　こだわり続ける先に新しい可能性はありますか」と、自閉症の一〇歳の息子を持つアイルランドの作家ディビット・ミッチェルさんが尋ねていました。直樹さんの答えは、――僕に友だちはいない。でもその僕のことは、不幸に見えますか？　僕が感じているのは、友だちがいないと可哀想だ、気の毒だと思っている人たちの勘違いです。大人の尺度で捉えていませんか？と答えています。ミッチェルさんの息子ノア君は自宅訪問中の三時間余、顔も出さず、もちろん言葉も交わすことなく、友情の芽生えもないかに見えましたが、もう帰ろうとした矢先、ノア君が自分から近づいてきて、僕の手を握ってくれました。この一握りが誤解のすべてを解いてくれました。遠い外国のこと、次のステップに進むのはいつか、また会えたときかもしれない、しかし、そのときまで、心で繋がっているだろうと思った、と言う。

最後に、僕は前を向いて生きる。人はどんな困難を抱えていても、幸せを見つけて生きることができる。跳びはねてもそれを切り離せない。今の僕でなくなるから、気の毒、可哀想と言われるけど、みんなと一緒に生きたい、みんなの未来と僕の未来が共にあるようにしたい、と直樹さんは希望を結んでいる。

自閉症で多くの人に噛みついてひんしゅくを買っている子がいる。〝僕のことを放っておいてほしい〟と思っているのに、「難しいことをやれ！ 早くしろ！」と言われるので、話せないこの子はその人の手や腕などを噛んでしまうのである。自分ではどうしようもなく、衝動的に（相手に言わせないためにか）噛んでしまう。噛んで血が出たりすれば周りは大騒ぎになる。消毒やら、病院やら、本人に向かっての怒号が飛び交う。説諭が交わされるが、血を見て言われたことに気を留める様子は見せても、悪いとか、罪といった意識はない。跳びはねたと同じで終わってしまえば落ち着くようであった。

その行為は特定の人に向けられているとは限らない。跳びはねても、人の間を擦り抜ける器用さもある。人に関わることが嫌いだから、体当たりをすることもない。ふだん自分のできること、パターン化したことなら、むしろ得意でさえある。値付け、重い物の持ち運びもする。体を使うことはむしろ得意でさえある。

小生が訪ねて、しばらく体操を通してスキルを高めるリハビリをした後、帰ろうと玄関口に行き、靴を履こうとしたとき、私の荷物（印刷機の上に置いてあった手提げ袋）をぬっと差し出してくれた。〝忘れもんだよ〟と笑いたげに手渡ししてくれた。いつも、何をする人か、持ち物や帽子なども見ていたのだろうと思った。〝先生が好きなんだ〟と思えるこの行為は噛まれた痛さを忘れさせるものだった（直樹さんの、帰り際そうっと寄って来て、握手をしたノア君に似てると思った）。

（二〇一六・一二・二〇掲載）

第九章　禁句

1　「がんばれ！」って、言わないでください

東日本大震災の大津波は、あっという間に家や車、田畑、そして多くの人々を飲み込んでしまった。その壮絶さを朝日画報が「海に向かって泣きじゃくって佇む女の子」と報じていた。かける言葉がありません。「大丈夫だよ」と言っても、「また探そう」と言っても、耳にも体にも届きません。津波はその子の持ち物のすべてを、机もカバンもパジャマもそしてお母さんも妹もみんな持ち去ってしまい、心に大きな空洞のような穴が開けてしまって、考えもつかない、ただ涙としゃくりあげる声しか出てこない。

その後、この子がどう現実に立ち向かったのかは想像するしかないが、多くの支援の輪の中で歩み出したことを私は願うしかなかった。この子が生活設計を立て、目標を持つまで、その心を埋める温かい手と言葉と応援をどうしていけばよいだろうか？　自分が見つけて、目標に向かう姿が見られるまで、皆で一緒に見守りながら、添い合うしかないのかもしれない。「がんばれ」という言葉が心の

負担にならないように手を差し伸べるしかない。

先日、私の妹（七四歳）が大動脈解離という病気になり、救急車で病院に搬送されたという知らせを受け、ＩＣＵ（集中治療室）にいる妹に会いに行った。人工呼吸器を付け、いろんな管に囲まれて、目を閉じて寝ていた。むくんだ顔や首が異様に映り、大変な事態だと分かった。心臓から出ている一番太い血管の中で、血液が血管の内膜を割いて中膜に漏れ出して（解離）、とても危険な状態なのだと聞いた。

とりあえず漏れた血を取り出すための手術をし、血圧を一〇〇まで下げて、出血を抑えているところだという。ベットの下の器具には漏れた真っ赤な血がいっぱい吸い出されていた。

一般的にはその裂けた部分を人工血管と取り替えて、漏れをなくす手術をするらしいが、妹の場合、年齢的なことや、くも膜下出血の既往症もあることから、血管がもろくて、今いじることが難しく、漏れた血を取り出し、裂けた部位が自然にふさがるのを待つしかないのだという。点滴で血圧を下げ、安静を保つしか今の所処置はないとの話も聞いた。

「光代！」（妹の名前）と声を掛けたら、ゆっくり目を開け「くんちゃん」と人工呼吸器のマスクの向こうからかすれ声で答えてくれた。心なしか口元が微笑んでくれたようだった。「苦しい？」と聞くと首を横に振って「苦しくない」とも言っていた（この病気は胸が苦しく、じっとしていられないらしい）。今は薬で痛みを止めてもらっているだろうし、元気さを見せようとしていたのかもしれない。妹はいつも自分のことより、人に気配りするほうだったから、今も心配かけて悪いねと思っているのだろうと思われた。

そんなとき、ふっと妹が自分から、「絶対死なないから！」とかすれた声で言った。「うん、うん、その気でな、負けるな」と手を握り返事をした。私は涙がこみ上げてきたが、そんな顔を見せるわけにはいかない。手をやさしくさすった。今、こんなときなのに、しっかり自分の思いを気丈に語ったことに、〝その意気で乗り越えてくれ〟と祈りながら、顔を見つめうなずき合った。そうだ、がんばれ！とはとても言えなかった。「大丈夫、お医者さんがついているし、皆良くなるのを待っているから」と手に力を込めて握るしかなかった。

妹は私に「体をさすって」とも言った。腕から、肩、背中に手を入れてさすった。自分の体を感じたかったのだろう。自分がここにいるのを私の手を通して、確かめたかったのだろうと思いさすり続けた。気分が良くなったのか、目をつぶって「ありがとう」と言っているように寝息をたてた。

一週余後に再び訪ねた。

体にまといついていた管が取れ（人工呼吸器と血液の漏れの摘出の管が取れていた）、栄養剤を胃に送り込む管が鼻腔に入っているだけで、顔のむくみも取れ、すっきりした顔で迎えてくれた。妹は「大丈夫、大丈夫」を繰り返し、「ごめんね」と、いつもの気遣いに戻って、話もしてくれた。「水が飲みたい」ともいい、トロミのついた水を何口か口にして「おいしい」とも言っていた。

現実に戻った感を強く感じ取っていたのではないかと思われた。みんなの話を聞きたがった。耳をそば立てる風も見せていた。自分でもリハビリでベット脇に立つ練習もしたらしく、〝うん、うん〟とうなずきながら、良くなってきた自分を見せたいようでもあった。

明日から〝おもゆ〟が出ると言われた。自分で食べて、元気を取り戻せる気にもなってきたようであった。「またね」と別れたが、にっこりしながら〝うん、うん〟と言って見送ってくれた。

大きな峠は越えたが、楽観はできない。血圧が抑えられても、体の動きに無理があれば、もろい血管はいつまた裂けるか分からない。安静にしながら、徐々に動き出し、暖かい雰囲気の中で、笑いを大切にして、ゆったり過ごして欲しいと願っている。脳こうそくも患っているから、不測の事態も起こるかもしれない。しかし、芯の深い所では、しっかり自分を見つめていると信じて行きたいと思った。

「がんばれ」はやはり他人事にしか聞こえない。心に通うのは、手のぬくもりと笑顔だと改めて思った。

今、作業所でリハビリ（訓練）のお手伝いをしている。脳性マヒの子は一生懸命やろうとして、力を入れて、動作をすることが多い。不当な緊張が動作をよりぎこちなくし、それが続くと誤った動作を自分の動作と思い、より不自由になってしまう。ときには、二次障害としてさらに本人を困らせてしまう。

箸を持って食事をする。ごく当たり前な動作だが、箸を持っただけで、手が頭の上のほうへ伸びてしまうことがある。それをゆっくり下ろしたとしても、ご飯を口に入れようとすると、抑えていた左手も箸を持った右手も口も、皆連鎖的に跳ね上がって、ご飯を撒き散らして、一粒も口に入らないといったことも起こる。

話そうとすると、首を横に曲げたり、振ったり、息を詰めたまま声を出そうとするから、声にならなかったり、つっかえたりして、結局何も伝えられなかったりする。話そうとすればするほど、筋の緊張が強くなって言えなくなる。呼吸も普段は楽にしているが、「吹いてごらん」と言っただけで、顔をしかめ、口をすぼめ、逆に吸ったりしてしまう。自分の楽な呼吸がどうしてできているのか分らないというのが実際なのである。

その子たちに〝がんばれ〟ということは何を意味するのか？　うまく話したい、友だちと話したい気持ちは言えないだけに人一倍ある、なのにやろうとすると、逆に言えないし、声も出なくなってしまう。応援のつもりで、親切のつもりで、「がんばれ！」「がんばれ！」と周りは言うが、逆に頑張るほど動きができなくなるのを分かってほしい。声は息を吐くとき、声帯を通って、口の形の共鳴で出る。ゆったり吐かなければ、音にならない。ゆったり、緩められるようになるには、がんばってはいけないのである。緊張をほぐすとか緩めることができてこそ話せるのである。がんばれとは反対に、お腹を広くしながら、ゆっくり呼吸を整えることがまず要る。そのために私は静的弛緩誘導法を用いて、筋のリラクゼーションを中心に子どもに関わっている。

「がんばれ」は禁句でさえある。

知的障害がある場合、「がんばれ！」と言われると、「がんばります！」と返すが単なるオウム返しであることが多い。「何を、どうがんばるのか？　ねらいは？」と見通しを描けてこそ、その言葉通りにできるのだ。そのためには多くの身辺の処理も、社会的経験も人間関係も積み上げたうえでないと、自分のねらい通りにならないのである。

がんばらなくてもいい。もっと楽しくみんなで笑い合いながら過ごすことのほうが、ずっとずっと大切なのである。

（二〇一四・二・二〇掲載）

おわりに

命を育むには――どう子どもの願いに向き合うか、改めて考えてみたい

障害が重い子ほど〝助けて〟というサインを多く出しています。しかし、そのサインすら出せないこともあります。それらを見落とさないで、子どもの思いを引き出し、願いに寄り添って行こうと、教員になったときからずうっと考え続けてきました。

昭和三八年、東京の肢体不自由校であった江戸川養護学校で特別クラス（重度の知的障害と脳性マヒを併せ持つ重複障害のクラス―在籍八名）を担任し、毎日指導をどう進めるか試行錯誤しながらいたときのことです。

体を抱き起こすと、にこっと顔を見つめてくれます。〝放っておかないで〟〝抱いて〟と言っているように体を緊張させたり、緩ませたりして思いを伝えてきます。〝気持ちいい〟と目が語っているようにも見えます。そんなサインを出させたくて、体に触れ、抱きかかえながら、声を掛ける毎日だったような気がします。

八名の子どもは、やっと座れるか、首すらすわっていない子もいたり、座椅子に縛られてやっと姿勢が保てるか、寝転がって移動するかなど重度の肢体不自由があり、また声は出しても話せない子が

多かった。そのため教室はニスでピカピカにして、素足、机は座机の長テーブル。疲れて休む所に畳と毛布を敷くといった、普段の教室とは違った雰囲気にならざるを得ませんでした。

当時はまだ養護学校は義務制でなかったから、入学選考が行われ、就学猶予の規定もありました。学習以前のこと、健康と身辺自立を優先し、重度の施設や病院などに入っている子は、就学が免除された時代でした。

※養護学校（知的障害、肢体不自由、病虚弱等）が義務制になったのは、多くの親や関係者の就学を願う運動によって、昭和四八年、東京都が希望者全員就学を議決し、昭和五四年、国として義務制の完全実施を決め、全県に設置を義務付け、就学を保障したのです。ちょうど昭和五四年（一九七九年）は、国際障害者年でもあり、児童権利宣言が国連で採択二〇周年に当たり障害者の完全参加と平等が謳われ、教育、福祉が大きく見直された年でもありました。

それから五十年余過ぎましたが、今でも〝教えても分からない〟〝話しても聞いてくれない〟、といった障害児者を見る目は変わっていないような気がします。総論では障害者にやさしく、手を差し伸べてと保育園でも学校でも実社会でも口々に言われていますが、一歩陰に回れば、数多くの差別がいっぱいです。震災で福島から避難した子が〝放射能が来た〟〝黴菌がうつるぞ〟といじめられ、不登校になった事例が新聞に紹介されましたが、子どもたちだけではなく、先生も児童指導員も教育委員会までもがいじめを助長する言葉を口にするなど、偏見に満ちています。

できる・できないで評価し、相手を蹴落として平然としている風潮がいっぱいあります。養護学校の義務制実施前には、障害を持つ子は家でもお客の前に出されず、座敷牢にかくまわれたり、文字を教えるよりも、お漏らしをさせない躾、人に迷惑を掛けない適応力を身につけるようにと言われ続けてきたのです。自分で努力する気持ちのない者は社会の厄介者という差別を、福祉に携わる人までが持っていたのです。

とび跳ねたり、大声を上げたりする障害児もいます。それを子どもの努力が足りないと言ったり、親の躾がなっていないと言う人も多くいます。この人たちは障害児をどう見ているのでしょうか？どう障害児に接してきたのでしょうか？　考えさせられます。

私は昭和四五年に二〇人の同人と共に、日本重複障害教育研究会を結成し、障害児教育の原点を探究し、実践を互いに交流しようと『脳性マヒ児の教育』という教育情報誌を編集し発行しました。出発点は、〝教育に下限はあるか？〟が大きな論点でした。もちろん下限はない。しかも子どもに責任はない。むしろ、子どもの自主性をどう育て、自分を見つめる力をつけ、学び、そして自活する子に育てるか、子どものもつ障害によるマイナス部分をどう補い、生きる力に変えていくか？　指導者の責任を問いながら、その実践を競い合おうと話し合いました。誌面に「どんなに障害が重くても、〝学びたい〟〝みんなと一緒に遊びたい〟〝一人の人間として生きたい〟などの子どもたちの願いを実現するために」と結んでいます。

子どもの病理、知覚、心理、社会性など研究し合い、乗り越える力をどう身につけるか。その方法を考えるために、年一回（夏休み）二日間にわたり、指導の原理とその実際を、重複障害教育講座と銘し、全国から多いときには三〇〇余名の先生方に参加してもらい、研究協議を進めました。その中で、今も特筆されることとして、視知覚訓練（見え方、感じ方、捉え方の機能的マイナスの部分の訓練）と過緊張による誤った動作の学び直しの訓練（静的弛緩誘導法）があります。障害によって誤って覚えざるを得なかった動作や行動パターン、実際と認知の差、違いの改善に向けての学習のやり直しを求められたのでした。もう一つ挙げると、歌やリズム運動を取り入れ、楽しい雰囲気の中でつまずきに気付かせたり、社会性を広げる方法も企画しました。また、医療的ケア、訪問教育と教育の機会を広げながら、条件整備を広く訴えてきたのでした。

みんな試行錯誤しながら、研究を進め、実践し、迷いながら、子どもとの格闘が続けられたと思います。とにかく子どもを変える、子どもの持つ誤った学びを変え、新しい方式を子どもと共に学び直すことを模索してきたといっても過言ではなかったと思います。

※教育情報誌はその後『養護学校の教育と展望』『いのちはぐくむ支援教育と展望』と誌名を変え、年四回発行してきましたが、財政等の窮状もあり平成二十年一四八号で休刊、講座も三一回で閉講しました。

これまで子どもの学びと生き方を模索し続けて来たが、その課題はまだまだ終わっていない。子どもと共に永遠に続く課題です。

「虹の会」のリハビリの中で、働き手の青年から、「もう一度本を読みたい、文字の間違いをなくしたい」と申し出があったときは、本当に嬉しかった。毎日仕分け、回収、運搬などの力仕事、ビラ配り、販売など慌ただしく仕事をしているので、今さら勉強どころではないと思われるが、日記を書くにもパソコンを打つにしても基本になる文字を読み書きしたい、意味が分かるようになりたい、と申し出ました。他の青年たちが体ほぐしだけではなく、メール、「ホッサ手帳」、詩集など書いていることに触発されたのかもしれないが、どうあれ、より良く生きたいための申し出であるから、喜びもひとしおである。

自分からやりたいと言う申し出、嬉しかったという笑顔、ありがとうという視線、これらは子どもに関わってきた者にとって至上の喜びである。心が通い、喜びがつながり、互いに生きている実感がわくときでもあるからである。

先日テレビで「NHK特集 のぞみ5歳——手さぐり子育て日記」を見た。

はり、灸、マッサージ師の全盲の夫婦に待望の赤ちゃんが（のぞみちゃん）が生まれました。目の見えないお父さんとお母さんによる見える赤ちゃんの子育ての記録です。

あるとき、赤ちゃんが堰を切ったように泣いた。乳もあげたし、おむつも変えたし、さっきまでご機嫌だったのに、急に泣き出した。〝どうしたの？〟と聞いても、あやしても頬ずりしても泣きやまない。赤ちゃんの泣き声を聞きつけて隣のおばさんがひょっこり顔を出して、〝何してんのよ、明かりもつけないで〟と言われ、はっとした。赤ちゃんにしてみれば、あやされてもお母さんの顔が見えなかったのだった。この子は見えるんだった、と改めて思い直し、明かりをつけてやっと泣き止んだという。

自分たちは全盲なので、明かりを頼りにしたことはほとんどない。明かりがないことで怖いと思ったことも一度もなかったと言う。家の中のことはテーブルに触ればそれを起点にどこに椅子があり、台所、棚、湯のみなどのありかが手に取るように分かる、分ると言うよりその中で生活して身に付けて来たものであるし、それで足りてきたから気付かなかったと言えよう。しかし赤ちゃんは暗い所ではお母さんの声はするけど、〝どこ？〟と迷い、言葉が言えないとしたら泣くしか方法がない。不安が募ればより激しく泣く。親と子で感じ方がまったく違ってきてしまう。抱いてもらった感触で母とは分かってもすすり泣きは止まない。

この子には明かりが必要だったんだと気付き、思い直した。今まで自分たちの暮らしの中に必要でなかったものが、赤ちゃんによって改めて知らされた感じであった。テレビはあってもレコードと同じで音楽として聞くことが主で、テレビを見ることはなかった。しかし、赤ちゃんは音と共に刻々変わる色鮮やかな画面に吸い寄せられ、一喜一憂して声を出し、体を揺らして見ているのである。

食事も左手で赤ちゃんの口元をそっと押さえ、右手のスプーンにすくったご飯を口に添える。おいしく食べるさまが母に伝わり、指と体の密着度と声で子どもの思いを聞き取る。

子どもは自然に母親の目となって動くことが日常になる。三輪車の後ろのカゴに白杖を添えて、外出も買い物にも行けるようになった。子育てが三人で進められる。障害を感じさせないほどの当たり前の生活になっていく。寄り添うことで生活を共有するように変わって行く。子育てが子どもによって、より確かになり、子どもの成長に繋がって行った話であった。

私は寄り添うこと、子どもの願いに添うことの大切さを考えて来たが、あくまで、親として、教師としての目線が先にあった。のぞみちゃんのように子ども自身が親に寄り添って力強く変わっていく可能性を忘れていたように思った。子どもが動き出すことで、子育てが次の段階に進むことを改めて思い知らされたテレビでした。

（二〇一七・九・二〇掲載）

「虹の会」紹介

（二〇一七年一一月一五日）

◎設立　虹の会は、一九八二年、筋ジストロフィーの障害を持った、福嶋あき江さんが入所施設を退所し、障害があっても施設でなく社会の中であたりまえに暮らせる仕組みを作りたいと、それを支援する人たちと一緒に立ち上げた。食事から身辺の着脱、入浴、トイレなど生活のすべてを自分で決め、二四時間の介助を通して、地域の中で生きている実感が持てるようにするために、そしてその実現のための介助保障制度を作るための運動の母体として設立した。行政からの介護制度として病院や施設を作り、治療やリハビリをしながら暮らしてもらうよう進めていると言う方式とは、どうしても噛み合わず、介助保障を自らの手でつくりだすための資金作りを始めたのが、バザー。今のリサイクルショップの原型である。そのうえ、働く場の保障、所得の保障、さらに友だち同士で部屋を借り、生活の場の保障を確かにし、社会参加を広げようとしている。

◎信条　どんなに障害が重くても、地域で当たり前に暮らしたい。
まず、親の庇護から抜け出す。病院、医師の管理下から抜け出すことを一番に考える。

そのため、アパートを借り、介助者を雇い、自立した生活をする。二四時間介助に入ってもらい、食事、排せつ、着脱、移動、就寝まで力を借りて生活する。その介助者を公的支援で保障してもらう。自立するための収入が欲しい、働く場が欲しい。

◎働く場（「虹や」と呼ぶ――リサイクルショップ

給料がもらえる仕事として、リサイクルショップを経営し、その売り上げを当てたいと考えている。家庭で不要、または使っていない衣類、食器、家電製品、本、玩具、装飾品等々を提供してもらい、整備して格安で販売する（大きな倉庫を借りている）。

・売上――週五日開店、三五万円の売り上げを目標にし、月四週で一四〇万円、年間に累積計算すると、一八八〇万円、消費税を納める企業（作業所）となる。

・一人月一〇万円の給料がほしいを合言葉に毎日必要な仕事（集配、仕分け、値付け、陳列、宣伝等々）をしている。

◎宣伝活動――多くの人々に知ってもらうためのビラの配布、機関紙の発行（月一回SSCにじ―第三種郵便物認可）二〇〇〇部余（会員、提供者、関係機関に発送）六〇～一〇〇ページを編集、印刷、郵送する。これも欠かせない仕事になる。

・自分たちから、社会へのアピールのもう一つの方式。―「スーパー猛毒ちんどん」―楽団・ボーカル集団バンドを結成し、思い思いの衣装を着て、化粧をし、演奏活動をする。年数回、四谷アウトブレイク、与野ホレホレ、公共施設や野外などで、ドラム、アコーディオン、フルート、チンドン、そしてボーカル、三〇余人全員参加で行う。

作詞は自分たちの願いや、生活をオリジナルに作曲、またポピュラーな歌を歌う。

•時には新日本プロレス、女子プロレスと提携して、虹やの正面駐車場にリングを張り、試合を興行。多くの人に親しんでもらうイベントも開催している。今は引退したが、スタッフの中で二名の女子プロレスラーも誕生させた。

•新春もちつき、芸能大会や生い立ちナイト、七夕、季節によっていろいろなイベントを開催している（虹の会本部——通称「ほんびい」に集まり、夕食を共に交流する）。

◎現在の組織——現在は、「障害者生活ネットうらわ」として、アパートを借りて障害者の自立生活を進め、リサイクルショップを経営し、さらに介護派遣事業として、重度障害者の二四時間介助者の募集、派遣を進めている。

ここでも、自立生活を目標にし、本人の意思に添う本人主体の介護システムを取る（世話される生活からの脱却を図る。介助者は本人の指示で、介助する）。

◎当たり前の暮らしを求めて

•アパートで自立生活をする。食事（自炊、弁当、昼はコンビニ弁当）

朝は虹やでみんなで調理し、一緒に食べる。薬は自分で管理。

・入浴、掃除は分担してやる、洗濯は虹やで共同でする。
・余暇――飲み会をときどき、カラオケにも、映画や野球、プロレスを見に行く。テレビを見る。（歌番組、スポーツなど）
・通院――一人で行けるものは一人で、怪我とか風邪などで、ついて行ってもらうこともある。

障害者を利用者とせずに、全員がスタッフとして会議を開き、障害者みんなを含めた意思を中心に計画を立て、活動を進める。したがって会長は筋ジストロフィーで人口呼吸器をつけている障害者、副会長も電動車椅子を使って生活している脳性マヒの方が当たり、スタッフが補佐する体制になっている。

詳しくは虹の会の機関紙等を見て欲しい。

◎虹の会住所
「障害者生活ネットワークうらわ」
〒338―0826
埼玉県さいたま市桜区大久保領家五七四
電話　048―855―8438

◎虹の会本部
〒338―0824
埼玉県さいたま市桜区上大久保一〇〇　2F
システム事務所内
電話　048―851―7558

佐藤邦男（さとうくにお）
・昭和六年一〇月七日生。
・東北大学教育学部卒。
・宮城県立ろう学校、宮城県秋保中学校、同拓桃園分校勤務。
・東京都立江戸川養護学校、特別クラス、言語治療教室担当。
・東京都立王子養護学校（教頭）。
・東京都立足立養護学校（校長）。
・東京都立小平養護学校（校長）。
・平成四年退職、東京都板橋区教育委員会学務課（教育相談）嘱託。
・東京学芸大学、国際医療福祉大学、東京医療福祉大学（非常勤講師）。
・日本重複障害教育研究会（脳性まひ児の教育誌編集・発行。昭和四四〜平成二〇年、№１４８まで）平成一六年以降会長。

さし絵
安田和江（やすだかずえ）
・都立江戸川養護学校卒。
・筋ジストロフィーの障害をもち画家として個展を開催している。

私《わたし》を育《そだ》ててくれた子《こ》どもたち
——障害児と共に生きた教員からのメッセージ

二〇一九年三月二十日　第一版第一刷発行

著　者　佐藤邦男
発行者　菊地泰博
発行所　株式会社現代書館
東京都千代田区飯田橋三—二—五
郵便番号　102-0072
電　話　03（3221）1321
F A X　03（3262）5906
振　替　00120-3-83725
組　版　プロ・アート
印刷所　平河工業社（本文）
東光印刷所（カバー）
製本所　積信堂

校正協力・迎田睦子
 ISBN978-4-7684-3566-3
定価はカバーに表示してあります。乱丁・落丁本はおとりかえいたします。
http://www.gendaishokan.co.jp/

活字で利用できない方のための
テキストデータ請求券
『私を育ててくれた子どもたち』